親子で学ぶ

政治の
かたち

はじめに

「日本は三権分立の国です」。小学校などで、そう習った人は多いでしょう。

でも、実はこの説明は、ちょっとおかしいのです。

三権分立というのは「立法・行政・司法」がそれぞれ独立した権力としてバランス関係にあることで、お互いの権力をおさえることを指す言葉です。

議院内閣制の日本では、行政府（政府）は内閣を中心に運営されていますね？ 内閣のリーダーを務める「内閣総理大臣」はどうやって決まりますか？ 立法府（国会）の多数派の指名にもとづいて、国会議員のなかから決定されます。指名するのもされるのも「立法府の議員」です。つまり、立法府と行政府の権力は分立していませんよね？

では、三権分立ではない日本は、遅れた国なのでしょうか？ そんなことはありません。たとえば、イギリスなども同様に立法と行政は分立していません。それどころか厳密な三権分立を徹底しているアメリカは、世界全体では実はものすごい少数派といっても言い過ぎではないくらいです。

では、なぜ、三権分立はアメリカでは重んじられていて、それ以外の国ではそうでもないのでしょう？ その理由を語ると長くなるので、後のページで説明します。いずれにせよ、三権分立にかぎらず制度というものはすべての国で同じということはありません。それぞれの国の事情はもちろん、歴史・伝統、また、それにもとづいた理想や精神によって制度は変わってくるからです。制度を知ることは、その国を知ることにつながります。

普段は意識しないけれど、実はわたしたちの国・社会の土台である制度。そうした制度はどのように生まれ、どのような影響をわたしたちにもたらすのか。この先では、そのヒミツに迫っていきましょう。

目　次

はじめに　　　　　　　　　　　002

【第1章】君主制と共和制　　　　007

[act.1]君主制と共和制はどう違う？　　008

君主がおさめる「君主制国家」　　010

君主を否定した「共和制国家」　　012

大統領と首相　　014

[act.2]専制君主制　　016

王様ひとりでおさめる「専制君主制」　　018

なぜ君主が支配者なのか？　　020

専制君主制をのりこえた啓蒙思想　　022

[act.3]立憲君主制　　024

「憲法」にもとづく政治「立憲主義」　　026

君主を憲法でしばる「立憲君主制」　　028

立憲君主に残された権限と権利　　030

立憲君主の意義　　032

[act.4]共和制　　034

国家元首を人民が選ぶ「共和制」　　036

フランス革命の失敗　　038

民衆を信じなかったアメリカ　　040

共和制＝民主主義ではない　　042

コラム：王国じゃない君主制国家「公国」とは？　　044

[act.1] 民主制とはなにか　046

民が自らを統治する「民主制」　048

民主制のおこり「直接民主制」　050

現代に残る「直接民主制」　052

エリートに委ねる「間接民主制」　054

民主制への批判　056

[act.2] 民主制における政党　058

議会を形づくる「政党」　060

政党の起源と発展　062

民主制における政党の意義　064

政党をまとめる「凝集性」「規律」　066

選挙制度と政党の関係　068

選挙の比例性と政党システム　070

[act.3] 議会と執政制度 072

議会の役割とありかた 074

提案・審議・採決のルール 076

執政制度① 議院内閣制 078

さまざまな議院内閣制 080

執政制度② 大統領制 082

さまざまな大統領制 084

執政制度③ 半大統領制 086

フランスの半大統領制 088

執政制度④ 参事会制 090

[act.4] 民主制における政策 092

政策が実行されるまで 094

官僚の役割とルール 096

官僚制の問題点 098

利益団体の影響 100

[act.5] 独裁制 102

ナチス・ドイツの「民主主義」 104

エリートと「全体主義」 106

なぜ独裁が求められるのか? 108

独裁とは違う!? 全体主義 110

現代の独裁制を理解する 112

現代独裁制の分類 114

独裁後の民主主義 116

コラム:「貴族院」の本来の役割とは? 118

【第3章】単一国家と連邦　119

[act.1]単一国家と連邦はどう違う?　120

中央政府が地方に優越している「単一国家」　122

共通の目的のために手を組む「連合」　124

連合がひとつの国家になる「連邦」　126

[act.2]集権と分権　128

集権と分権の多様さ　130

4つの分権モデル　132

分権の度合いを見るポイント　134

コラム:アメリカの州は国家に近い!?　136

【第4章】政治的な立場　137

[act.1]保守とリベラル　138

伝統的な制度を重んじる「保守」　140

保守は理性を疑う　142

フェアな正義を重んじるリベラル　144

リベラルの正義がもたらすもの　146

保守とリベラルの注意点　148

[act.2]そのほかの政治思想　150

「リバタリアニズム」とは?　152

労働者による独裁を選ぶ「共産主義」　154

反エリートの「ポピュリズム」　156

参考文献一覧　158

第1章
君主制と共和制

あーしろ！

こーしろ！

第1章 君主制と共和制

act.1

君主制と共和制は
どう違う？

▲ルーブル美術館所蔵『ナポレオン一世
の戴冠式と皇妃ジョセフィーヌの戴冠』（Jac
ques-Louis David作）。皇帝となったナポ
レオンが、皇后の頭に冠を載せるところ。

　世界の国々は大きく「君主制」と「共和制」に分けることができます。どちらもたまにニュースや新聞に登場するので、耳にしたことがある人も多いのではないでしょうか。

　では、その意味を説明できるでしょうか。日本は君主制と共和制のどちらでしょうか。案外、わからない人が多いかもしれません（日常生活で使う言葉ではないのですから、仕方ありません）。ここからは、手始めに君主制と共和制の違いについて確認していきましょう。

君主がおさめる「君主制国家」

「君主制国家」とは君主がいる国のことです。では、君主とはなんでしょう？
ここで、かんたんに説明していきましょう。

●君主とはなにか？

君主が主権者

伝統的な君主
（ローマ教皇など）

君主は象徴

現代的な君主
（イギリス国王、天皇など）

君主の地位は「世襲」によって受け継がれる！

昔は君主といえば「国をただひとりでおさめる支配者」のこと。たとえば、現代でもバチカンのローマ教皇は、この意味で君主といわれることが多い。

一方で、現代の多くの君主は、最高権力者ではあっても実際には権力を使えないように制限されている。

なので、少し意味が変わってきていて、この場合の君主は「世襲によって国をおさめる最も位が高い人」といわれているよ。

●おもな君主制国家

国	君主
アンドラ	共同公
イギリス	王
オランダ	王
カンボジア	王
スウェーデン	王
スペイン	王
タイ	王
デンマーク	王
ノルウェー	王
バチカン	教皇
ベルギー	王
マレーシア	王
モナコ	大公
ルクセンブルク	大公

●昔は国＝王様の財産だった

親 → 嫡男・嫡女

一般家庭でも親のもちもの（財産）は子供や親戚に分けて相続されることがあるよね。実はかつて国もそうだったんだ。

国は王様のもちもの（財産）のようなもので、嫡系（本家）の子（嫡男・嫡女）や兄弟姉妹、孫に受け継いでいた。これを「世襲」というんだ。

こうした伝統もあって、現代に残る王様（君主）もその地位は世襲されるのが一般的だよ。

●王様のもちものとされたもの

国土や国民など（国そのもの）

君主制国家とは文字通り「君主」がいる国のことです。君主というと難しく感じるかもしれませんが、たとえばヨーロッパにおける王様をイメージをするとわかりやすいでしょう。

かつて王様は「ただひとりの支配者」として国をおさめる存在でした。当時の国は王様のもちものに近く、財産のように親から子へ受け継がれていくものでした。

現代の王様（君主）の権力は廃止されるか制限されるのが一般的で、王様も象徴的な存在となりつつあります。それでも今に残っている王様の地位は、伝統にしたがって親から子へと受け継がれています。

●君主の決めかたにもイロイロある！

多くの場合は君主は世襲による地位ですが、世界を見てみると例外的な決めかたも見られます。

5年ごとの持ち回り！

マレーシア

東南アジアの国・マレーシアはもともと小さな国が集まってできたため、13州のうち9つの州にそれぞれ異なる君主がいる。この9州の君主は形式的な選挙を通じて（基本的には持ち回りだが、例外もある）、マレーシアの国王の地位につく。

会議で選ばれる！

バチカン

バチカンの君主であるローマ教皇は「世襲」ではなく、選挙によって選ばれる。各地のキリスト教・カトリック教会を代表する枢機卿によるコンクラーベという会議を通じて、信者（実質的には司教・大司教）のなかから選ばれる。

君主が2人！

アンドラ

ヨーロッパ西部のピレネー山脈にあるアンドラは、フランス大統領とスペイン（自治領カタルーニャ）のウルヘル司教がそれぞれ歴史的に統治権（国を支配する権利）をもつため、共同の君主（共同公）としている。

●イギリス国王を君主とする国（※イギリス以外）

アンティグア・バーブーダ／オーストラリア／カナダ／クック諸島／グレナダ／ジャマイカ／セントクリストファー・ネイビス／セントビンセント・グレナディーン／セントルシア／ソロモン諸島／ツバル／ニウエ／ニュージーランド／バハマ／パプアニューギニア／ベリーズ

イギリス国王は外国の君主でもある！

イギリス国王は、例外的にイギリスの君主であると同時にほかの国の君主でもある。イギリス国王を君主とする13の国（イギリスをのぞく）は、いずれもかつてイギリスの領土だった56の国々からなる経済同盟「コモンウェルス・オブ・ネイションズ」の加盟国だ。

君主を否定した「共和制国家」

■ 共和制国家は君主を否定して、人民が統治権を手にした国のことです。
現代では多数派となっている国家体制です。

●君主制と共和制をゲームで遊ぶ子にたとえると……？

君主制

あーしろ！

こーしろ！

君主がコントローラーをもっている。まわりが注文をつけることもある。

ゲーム（統治）

共和制国家とは君主の権力を否定して、自ら国を治める国家のこと。これを理解するために、統治（国のありかたを決めて、国の権力をふるうこと）をテレビゲームにたとえてみよう※。

もともと、このゲーム（統治）で遊んでいたのは、君主くんだ。コントローラー（統治する権力）は君主くんが独り占めしている。ただし、一部の人だけは、横からいろいろと注文をつけたり、アドバイスをすることができるんだ。

こうすることに決まったから

君主はコントローラーをもっていても、まわりの助言でしか動かせない。

ゲーム（統治）

ある日、君主くんは「みんなの意見にしたがってゲームをする」という約束を結んだ。これにより、君主くんはみんなのアドバイスどおりにコントローラーを操作するだけ。ボタンを押すのは君主くんでも、実際にゲームを動かすのはみんなだ。

君主くんもときには意見や感想をコッソリいうことはできるけど、聞くかどうかはみんな次第。でも、ゲームは君主くんのものだし、君主くんはみんなの輪の中心にいる。ここまでが君主制だ。

共和制

君主くんは入れてあげない！

君主は部屋から閉め出される。

ゲーム（統治）

「共和制」の場合、みんなは君主くんと〝絶交〟している。君主くんは部屋の外に閉め出されてしまって、コントローラーを取り上げられるばかりか、もうゲーム画面も見せてもらえない。ゲーム（統治）から、完全に追い出されてしまったんだ。

このように、処刑や幽閉（閉じ込めること）などによって君主を権力の座から追い出す革命を通じて、君主の支配を拒否して生まれたのが共和制だよ。

※これはたとえ話です。仲間はずれはやめましょう。

P10でも説明したとおり、昔の国はそのほとんどが、君主が人々を支配する君主制国家でしたが、近代では君主の権力を制限する流れが広がっていきました。

これに対し、君主の権力そのものを否定したのが「共和制国家」です。具体的には、君主を閉じ込めたり処刑するなどして権力をのっとりました。このとき、君主に代わり統治権（国を支配する権利）を手にしたのは、それまで支配されていた人々（人民）でした。

共和制国家とは君主による支配を否定し、人民が治めている国のことです。

●「総意」が統治権を保証する

賛成！

支持！

みんなで選んだから正しい！

●おもな共和制国家

国	種類
アメリカ	連邦共和制
イタリア	共和制
インド	連邦共和制
インドネシア	共和制
韓国	共和制
中国	社会主義共和制
ドイツ	連邦共和制
フランス	共和制
ブラジル	連邦共和制
ベトナム	社会主義共和制
メキシコ	連邦共和制
ロシア	連邦共和制

共和制には、統治権をもつ政府にお墨つきを与える伝統的な「君主」がいない。だから、共和制の統治権は「みんなの考え（人民の総意）」により保証される。共和制で君主にあたる役職は大統領で、選挙などを通じて選ばれる。

こういうと、「共和制＝民主主義」と思うかもしれないけれど、そうでもない。共和制が独裁になる例もあれば、君主制が民主主義を実現する例もある。これは後のページで説明しよう。

●現代は共和制国家が多数をしめている

第2次世界大戦の後、君主制国家による植民地支配から独立する国が相次いだ。

それまでの君主を否定することは大きな政治的エネルギーを使う。一方で共和制国家が一度否定した君主をもう一度呼び戻すことは現代ではあまりない。そうした事情もあり、戦後においては、世界的に共和制国家が広がる流れが続いており、今では世界の多数派を占めているんだ。

【参考】外務省『各国の元首名等一覧表』（令和5年9月15日時点）https://www.mofa.go.jp/mofaj/ms/po/page22_001297.htmll

大統領と首相

一般に首相は政府のトップで、大統領は共和制国家の国家元首です。
まずは実態よりも先にイメージとして、両者の違いを確認しましょう。

●国家元首と首相の違い

近代より前のヨーロッパでは、君主がすべての権力をにぎっていた。当然、「対外的代表権」や「象徴としての地位」と「行政権」も、ほかの権力（司法権や立法権）と同じく君主がにぎっていた。

現代では、このふたつの権力は、議会による立法や慣例の積み重ね（もしくは革命）を経て別々の人物に分けて与えられていることが多いんだ。

近代以前の君主

国家元首とは、その国の「象徴」のことだ。国家をひとつにまとめている象徴的な存在のことで、外国に対しては国の代表者でもある。君主制ならば君主、共和制ならば大統領のことになる。

ここでは、一般的な議院内閣制における国家元首と首相の違いを確認しよう。

象徴の地位・対外的代表権

国をまとめる象徴的地位と、外国に対して国家を代表する資格（対外的代表権）

行政権

議会のさだめた法にもとづいて、実際に国の政治を行う権限。

権力を分けて力の集中をふせぐ!

分担!

国家元首（君主か大統領）

首相

国家元首と首相の分担については、国によって細かい違いがある。たとえばアメリカでは行政権を大統領が担うし、韓国やロシアのように大統領の権力がきわめて強い場合もある。

また、軍事権や外交権については一般に国家元首のものだけど、その権限は形式的なものであることも多い（その場合、実際に権限を担うのは大臣など）。

国際会合のニュースなどを見ていると、国によってリーダーの呼び方が違うことを不思議に思ったことはないでしょうか？　たとえば「主要7カ国会談（G7）」に参加するリーダーならば、日本とカナダ、イギリス、ドイツ、イタリアは首相。一方でアメリカ、フランスは大統領です。では、首相と大統領はどんな違いがあるのでしょうか？

結論からいえば、首相は政府のトップで、大統領は共和制国家における国家元首です。ただし、国によって権力の分けかたには違いがありますし、大統領が政府のトップを兼ねることもあります。

● 中国の国家主席・総書記・首相

　中国は共産党が統べる国家なので、党のトップである総書記が、行政権を含む全般的な権能にぎっている。国家元首にあたるのは「国家主席」だけれど、1993年からは総書記が兼任しているので、国家元首と行政のトップは同じ人が担っている。

　中国には首相もいるが、総書記の補佐に近く、最終的な決定権は総書記にある。また、軍隊のトップ（中央軍事委員会主席）が武力で、国を実質的に支配することもあるんだ。

● 例外的なロシア大統領

　ここまでの説明から大きくはずれるのがロシアだ。ロシアには大統領と首相がいるけれど、大統領に権力が極端に集中している。

　これはロシア憲法によって、大統領が行政権・立法権（法律をさだめる権能）・司法権（トラブルを裁判所で法律にもとづいて解決する権能）の三権からまったく独立した権力となっているため。さらに、大統領には範囲のあいまいな役割が多く与えられていて、それも大統領の権力を大きくしているんだよ。

● 世界の国々のリーダーをチェックしよう！

国	君主制/共和制	政府のトップ	国家元首	実質的なリーダー
アメリカ	共和制	大統領	大統領	大統領
アルゼンチン	共和制	大統領	大統領	大統領
イギリス	君主制	首相	イギリス国王	首相
イタリア	共和制	首相	大統領	首相
インド	共和制	首相	大統領	首相
インドネシア※1	共和制	大統領	大統領	大統領
オーストラリア	君主制	首相	イギリス国王	首相
カナダ	君主制	首相	イギリス国王	首相
韓国※1	共和制	大統領	大統領	大統領
サウジアラビア	君主制	国王	国王	国王
中国	共和制	総書記	国家主席	総書記
トルコ	共和制	大統領	大統領	大統領
ドイツ	共和制	首相	大統領	首相
日本	君主制	首相	天皇	首相
フランス※2	共和制	大統領/首相	大統領	大統領/首相
ブラジル	共和制	大統領	大統領	大統領
南アフリカ	共和制	大統領	大統領	大統領
メキシコ	共和制	大統領	大統領	大統領
ロシア※3	共和制	大統領/首相	大統領	大統領

【注】（※1）インドネシア、韓国にも首相はいるが、首相の役割は大統領の補佐役にとどまる。／（※2）フランスでは大統領と首相が共同で行政を担うため、場面・状況によって大統領と首相の力関係は変わりうる。／（※3）ロシアでは大統領と首相が共同で行政を担うが、基本的には大統領の影響が大きいと考えられている。

act.2
専制君主制

▲ヴェルサイユ宮殿所蔵のタペストリー（Claude-Guy Hallé作）。フランス・ブルボン朝の黄金期を築いた専制君主ルイ14世が描かれている。

　勝手気ままに振る舞って、エラそうに周囲に命令するさまを、冗談めかして「王様みたい！」と表現することがあります。ああいうとき、わたしたちが無意識にイメージしている王様は「専制君主」のことです。

　わたしたちが童話やファンタジー小説などで見る王様は、だいたいが専制君主です。童話やファンタジーは中世ヨーロッパを舞台とするものが中心で、当時の王様が専制君主ばかりだったからです。では、専制君主とはどんな存在なのでしょう？

王様ひとりでおさめる「専制君主制」

専制君主制は、世界の近代化が進む過程でよく見られた政治体制です。
まずは、当時の代表的な例としてフランスの専制君主制を見てみましょう。

●国家元首と首相の違い

朕は国家なり
（わたしが国家だ）

「専制」とは、トップに立つ人がひとりで思うままに物事を動かすこと。つまり、「専制君主制」とは、君主がひとりで自由に統治する仕組みのことだ。
専制君主制を象徴するのが、15～17世紀フランスのブルボン朝。当時を代表する国王ルイ14世は、その言葉「朕は国家なり（わたしが国家だ）」で知られているとおり、国の権力のすべてをにぎっていたんだよ。

●ルイ14世（1638-1715）
『戴冠式衣装を着たルイ14世の肖像』※1。

●ルイ14世の専制君主制を支えた仕組み

●官僚を直接したがえる
官僚（国家公務員）を直接したがえて、行政権をにぎる。

●常備軍
ふだんから備えられている専門の軍隊組織。

●豪華な生活
ベルサイユ宮殿で貴族に豪華な生活をさせて、政治上のライバルである貴族からお金と時間を奪う

一般にルイ14世は、このような手段で自身の権力をゆるがないものにしたとされる。
ただし、実際に国を統治するとなれば、すべてのことが国王の思うままにいくわけではない。実際は、貴族やギルド、地方自治体など、特権をもったグループ（社団）による伝統的な自治を許しており、専制という言葉ほど国王がなんでも自由にできたわけではなかったんだ。

「専制君主制（絶対君主制）」とは、君主が国の権力のすべてをにぎっている政治体制（政治の仕組み）のことです。民主的なルールが整う近代以前の国々では、強大な力をもつ君主が、現代よりも自由に権力をふるうことができました。とはいえ、実際の統治にあたっては国内のさまざまな勢力の理解を得なくてはならない面もあり、国王はなんでも自由にできるわけではありませんでした。

現代でも、アラビア半島の国々（サウジアラビアやアラブ首長国連邦）のように、少数ながらこうした仕組みをもつ国は残っています。

● 現代の専制君主制国家

ドバイは商業で大きく発展し、世界的な観光地でもある。※2

現代でも「専制君主制」を採用している国としては、アラブ首長国連邦があげられる。たとえば、ドバイでは、君主にあたる首長が、ドバイ執行評議会からサポートを受けながら政策を決めているんだ。

ドバイの首長家であるマクトゥーム家の人たちは、首長以外にも執行評議会議長をはじめとする国の重要な役職についているんだよ。

● 専制と独裁の違い

統治権をひとりじめしている理由をくらべると……

専制	独裁

血筋などの理由でえらいから

民主主義で決まったから

専制君主制は「独裁」と似ているけど、ちょっと違う。

専制も独裁も、権力者が統治権を独占（ひとりじめ）しているという点では同じだ。

しかし、独裁における統治権の独占は専制とは違って（少なくとも建前上は）民主的な決定にもとづいて、権力がひとり（もしくは一部集団）に集中している。くわしくはP102からの「act5.独裁制」で説明するよ。

【出典】（※1）ルーブル美術館所蔵（Hyacinthe Rigaud作）/（※2）PIXTA

なぜ君主が支配者なのか？

専制君主制をめぐっては、それをささえる意見が多く生み出されました。
代表的なものをいくつか説明していきましょう。

● 王権神授説

神から王冠をいただくチャールズ1世（17世紀のイギリス国王）※1

王権神授説とは、国を支配する統治権（王権）が神から与えられたものとする考え方だ。つまり、君主は国の支配者として神に選ばれたということだ。

神が選んだのだから、その統治に反対することは神に逆らうこと。この考えのもとでは、支配される人民はもちろん、ローマ教皇のような宗教的リーダーですら、統治に反対できないと考えられたんだ。

神様の言葉

「あなたは夫を恋い慕うが、彼は、あなたを支配することになる。」※2

旧約聖書 創世記第3章 第16節

父親による家族の支配

アダム

人類の最も古いお父さん

王様

王家はアダムの家系の本家

王様はすべての家族のなかで最もえらいお父さん！

（だから国民は支配される家族）

● 家父長制国家

専制君主制を支えた考えのひとつが「家父長制国家」だ。

昔は「家父長制」といって父親が家族を支配すべきと考えられていた。これは旧約聖書にもとづいた制度で、それを国全体に広げたのが家父長制国家だ。

家父長制国家では、国は家族の集まりだと考えられる。君主は人類の始まりであるアダム直系（本家）の父親なので、父親のなかの父親だ。だから、支配者にふさわしいと考えたんだ。

専制君主制は、血筋で選ばれた君主だけが支配者になる仕組みです。これは裏を返すと、ほとんどの人が生まれを理由に、支配者の意向に振り回されることを意味します。当然、支配者になれない人たちからは不満の出やすい仕組みです。

どうして君主が、国の支配者なのか？ 専制君主制に対する人々の不満をおさえる、国をひとつにまとめるためにはこの問いに答えなくてはいけません。専制君主制が一般的だった近代以前のヨーロッパではさまざまな答えが考え出されました。

現代における「主権」の3つの意味

「対内主権」	国民全員をしたがわせる権限。国のありかたを決めて実際に権力をふるう権限のことで、統治権といわれる。現代においては憲法や法律で、使える範囲が制限されている。
「領土主権」	国の土地（領土）を、国の主権がおよぶ範囲とさだめ、そのなかでは外国が勝手に国家権力を使われることがない権利。国と国の間で結んだ「国際法」というルールで取り決められている。
「対外主権」	国家が外国から支配や指図をされず自立して行動ができる権利のこと。最高独立権ともいわれ、こちらも「国際法」によって取り決められている。

●「主権」の誕生

16世紀フランスの哲学者ジャン・ボダンは『国家論』で「主権」という考えを示した。

彼のいう「主権」は、神や自然法には制限されるものの、基本的には国家に認められる万能な権限だった。当時のフランスではキリスト教徒の間で争いが続いていて、混乱を避けるには絶対的な権力者が必要だと考えたんだ。ちなみに、現代の主権は左のような意味になっている。

リヴァイアサン（国家）

権利をわたすから代わりに守って

権利

●「リヴァイアサン」

イギリスの思想家トマス・ホッブズは、『リヴァイアサン』のなかで、人々は自己中心的な存在で、放っておけばいつもお互いに争いあうと考えた。そこで、人々は国家に守ってもらう代わりに、自然権（生まれながらにもっている権利）を国家に引き渡す約束（契約）を結んだのだと訴えたんだ。

統治権は天皇のものだ

ということにしてウラで好きにやろう

当時の日本は専制君主制ではないが、それを訴える説が戦時中に悪用された。

●日本における「天皇親政論」

明治時代の東京大学の憲法学者・穂積八束やその弟子の上杉慎吉などは、「天皇親政」を訴え、天皇自身が統治権をにぎるべきとした。一般的に支持されない少数意見だった[3]が、戦時中に軍人をはじめとするさまざまな勢力がこれを利用し、天皇の名のもとで自らの権力を暴走させたんだ。

【出典】（※1）ナショナル・ポートレート・ギャラリー所蔵(作者不明)/（※2）新日本聖書刊行会『旧約聖書 新改訳』（2014年 いのちのことば社・Amazon kindle版）創世記第3章16節【参考】（※3）立花隆『天皇と東大(1) 大日本帝国の誕生』（2012年 文春文庫・Amazon Kindle版）第4章

専制君主制（せんせいくんしゅせい）をのりこえた啓蒙思想（けいもうしそう）

■ この時代（じだい）に自由（じゆう）を求（もと）めた思想家（しそうか）や哲学者（てつがくしゃ）たちは、さまざまなことを考（かんが）えました。ここでは、そのなかから「社会契約説（しゃかいけいやくせつ）」と「三権分立（さんけんぶんりつ）」について見（み）ていきましょう。

国家（こっか）

約束（やくそく）

● 社会契約説（しゃかいけいやくせつ）の発展（はってん）

「社会契約説（しゃかいけいやくせつ）」は、人々（ひとびと）が契約（けいやく）（約束（やくそく））を結（むす）ぶことによって社会（しゃかい）・国家（こっか）がつくられたという考（かんが）えだ。人々（ひとびと）は、「自然権（しぜんけん）」を捨（す）て去（さ）って（または譲（ゆず）り渡（わた）して）統治（とうち）されることを受（う）け入（い）れるかわりに、統治者（とうちしゃ）・社会（しゃかい）・国家（こっか）から命（いのち）もしくは権利（けんり）を保護（ほご）してもらっているとされる。

ホッブズの『リヴァイアサン』にはじまったこの考（かんが）えは、最初（さいしょ）は専制君主制（せんせいくんしゅせい）を支（ささ）える理論（りろん）だったが、やがて自由（じゆう）で平等（びょうどう）な国家（こっか）を考（かんが）える土台（どだい）となったよ。

ジョン・ロック「統治二論（とうちにろん）」

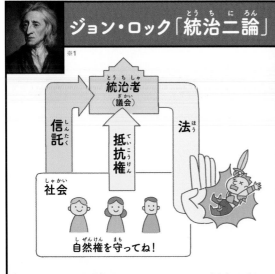

※1

統治者（とうちしゃ）（議会（ぎかい））

信託（しんたく）

抵抗権（ていこうけん）

法（ほう）

社会（しゃかい）

自然権（しぜんけん）を守（まも）ってね！

イギリスの哲学者（てつがくしゃ）ジョン・ロックは、『統治二論（とうちにろん）』のなかで自然権（しぜんけん）を責任（せきにん）もって保護（ほご）してもらうために、統治者（とうちしゃ）を信（しん）じて権力（けんりょく）をゆだねている（信託（しんたく）している）のだと主張（しゅちょう）した。

一方（いっぽう）で、もしも権力（けんりょく）が人々（ひとびと）の自然権（しぜんけん）を保護（ほご）しようとしなければ、人々（ひとびと）は権力（けんりょく）を国家（こっか）から取（と）り上（あ）げることができて（抵抗権（ていこうけん））、それをもっとふさわしい誰（だれ）かにゆだねることができるとも訴（うった）えたよ。

ルソー「社会契約説（しゃかいけいやくせつ）」

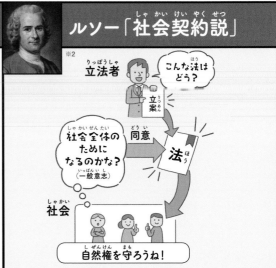

※2

立法者（りっぽうしゃ）

こんな法（ほう）はどう？

立案（りつあん）

社会全体（しゃかいぜんたい）のためになるのかな？（一般意志（いっぱんいし））

同意（どうい）

法（ほう）

社会（しゃかい）

自然権（しぜんけん）を守（まも）ろうね！

フランスの哲学者（てつがくしゃ）ジャン・ジャック・ルソーは、『社会契約論（しゃかいけいやくろん）』のなかですべての市民（しみん）が政治（せいじ）に直接参加（ちょくせつさんか）して、自分（じぶん）たちの社会（しゃかい）に共通（きょうつう）する利益（りえき）を求（もと）める「一般意志（いっぱんいし）」にしたがって法律（ほうりつ）を決（き）めることが必要（ひつよう）だと主張（しゅちょう）した。

この場合（ばあい）、人々（ひとびと）がしたがうのは自分（じぶん）たちで決（き）めた法（ほう）だ。それは人々（ひとびと）が自分自身（じぶんじしん）の意志（いし）にしたがうことと同（おな）じ。つまり、その意味（いみ）で自由（じゆう）だとルソーは考（かんが）えたんだ。

これまでの説明にもあったように、君主は人民によって選ばれたものではありません。一方で、専制君主制のもとでは、人民は君主の決定に運命を大きく左右されます。こうしたなかで、専制君主制下のヨーロッパでは、17〜18世紀にかけて「啓蒙思想」が流行します。

「啓蒙思想」とは、合理性（理屈にあっていること）や科学に重きをおく思想です。これにより、人々の間で「自分で物事を考えよう」というムードが高まります。

啓蒙思想で生まれた考えは、今日生きるわたしたちの社会に大きな影響を与えています。

PICK UP! 自然権とは？

自然権とは人間が生まれながらにもっている権利のことで、人間であれば誰もがもっているものだ。近代国家においては、これは誰にもうばわれることのない権利として守られるものとされる。

具体的には、自分の命を守る権利や自由に生きる権利、自分の財産（お金やモノ）をもつ権利のことなんだ。

生命 自由 財産

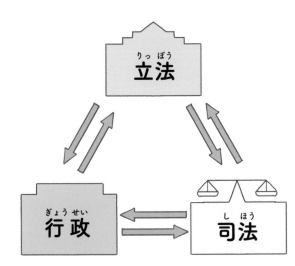

モンテスキュー
（1689年〜1755年）

モンテスキューはイギリスを参考にして三権分立を訴えた（ちなみに、イギリスは厳密には三権分立ではない）。

※3

立法

行政

司法

●権力は濫用されるもの

ルソーは、自由を「人民主権」を通じて実現しようとしたが、一方でフランスの思想家シャルル・ド・モンテスキューの考えは違った。

彼は、『法の精神』のなかで、「およそ権力を有する人間がそれを濫用しがちなことは万代不易の経験である※4（一般に権力を手にした者は、いつの時代でもその権力をむやみやたらに使うものだ）」と語り、人民主権にも暴走の危険があると指摘した。そして、対策として三権分立を訴えたんだ。

●「三権分立」という発想

モンテスキューは、すでにあったロックの権力分立論（立法権を最高の権力として、行政権や同盟権をおさえる）をさらに発展させて、「三権分立」を訴えた。国家権力を立法権・司法権・行政権の3つ（三権）に分けて、それぞれが互いに暴走することのないようにおさえあう仕組みを考えたんだ。

現代においても見られるこの仕組みは、もともと専制君主制を否定し、自由で平等な新たな国家のありかたを考えるなかで生まれたものだよ。

【出典】（※1）エルミタージュ美術館所蔵（Godfrey Kneller作）／（※2）アントワーヌ・ルキュイエ美術館所蔵（Maurice Quentin de La Tour作）／（※3）ランス学士院所蔵（Jacques-Antoine Dassier作）／（※4）[野田良之・上原行雄・三辺博之・稲本洋之助・田中治男・横田地 弘 訳]モンテスキュー『法の精神（上・中・下）』（1989年 岩波文庫）289（第2部11篇4章）口語訳は編者

act.3
立憲君主制

▲イギリス王室所蔵『枢密院会議を開くヴィクトリア』（David Wilkie作）。ヴィクトリア女王が、枢密院（国王大権を使う際にアドバイスする機関）を集めて会議する様子。

　世界の主要7カ国（G7）に数えられる国で、君主をいただく国は日本とイギリスです。日本の天皇もイギリス国王も、どちらも専制君主のように自由に権力を振るったりはしませんよね。

　天皇やイギリス国王のような君主は「立憲君主」といいます。「立憲君主」には実際の権力がないので、傀儡（あやつり人形）やお飾りのようなものだと誤解している人も少なくありません（たまに政治家でも誤解している人もいます）。では本当の「立憲君主」とはどういうものなのでしょうか？

「憲法」にもとづく政治「立憲主義」

■「立憲君主制」を説明するには、まず「立憲主義」を知る必要があります。
では、「立憲主義」とはなんでしょうか?

●「憲法」はお約束

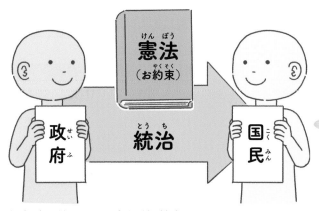

憲法は国が守るもので、国民は守る立場にない。

一般にいう「憲法」とは、国家のありかたをさだめた「お約束」だ。内容はいろいろあるが、たとえば、「この国の政府機関はこういうふうに設置しなさい」とか、「国民の基本的人権は守りなさい」などが主な内容だ。立憲主義にもとづいた国家は、この憲法のお約束を守って国をおさめる。つまり、国家が統治権をふるううえで守らねばならない「お約束」が憲法なんだ。

●「憲法の精神」を実現させる

これらすべてをふまえた価値観が「憲法の精神」

○○国憲法

立憲主義は、憲法の条文を守ればいいというものでもないし、条文に書いていなければなにをしてもいいということでもない。憲法の条文の背景には国ごとの歴史やしきたり、さらには、世界の常識をふまえた価値観がある。これを、ここでは「憲法の精神」と呼ぶ。
　立憲主義とは、実際の政治を通じて憲法にこめられた精神を実現させていく立場のことだ。

立憲主義は一言でいえば、憲法にもとづいて統治が行われるべきだという立場です。ヨーロッパにおける専制君主制への否定から出発したもので、この後説明する「立憲君主制」や「共和制」といった近代国家に見られる政治体制の土台となる考えです。

立憲主義国家には、国の伝統や歴史・慣例にもとづく統治の基本的なお約束「憲法」があります。憲法は国家のありかたをさだめたお約束であり、国家はそれにしたがって議会や政府機関を設置して動かすなどの政治を行っていきます。

● 国家から人権を守る

近代国家は、専制君主制時代の歴史をふまえ、「国家から個人の権利を守る」ところから出発した。そのため、近代国家には大切な3つの条件がある。「人権」「司法の独立」「民主主義」。

人権を守るために国や個人をしばる法があり、その法は独立した司法によってフェアに用いられる必要がある。また、法は一方的に押しつけられるのではなく、選挙で選ばれた国民の代表が決めたものでなければいけない、ということだ。

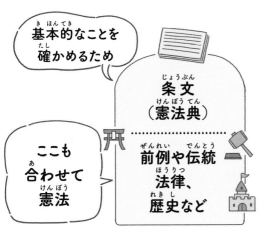

● 憲法は条文だけじゃない

憲法は条文がすべてではない。憲法の条文を文章にまとめたものを「憲法典」というが、それは憲法の一部（氷山の一角）にすぎない。

事実、イギリスは立憲主義の代表的なモデル国だが、イギリスにはまとまった憲法典はない。その代わりにイギリスには長い歴史でつちかってきた前例や伝統、法律、歴史文書がある。

憲法とは条文だけではなく、憲法の伝統的な運用（慣例）の積み重ねをも含めたものなんだ。

● 立憲主義に完成はない

立憲主義の政治は、憲法の運用次第で大きくそのありかたが変わる。いくら立派な「お約束」があっても、違反や抜け道が当たり前では意味がない。憲法の精神にもとづいて、実際にどう政治を動かしていくかが大切なんだ。

しかし、「憲法の精神」は国ごと、また国民ごとに理解が違うこともある。また、時代によって変化が求められることもある。だからこそ「憲法の精神」とはなにかを常に考え、民主主義を通じてそれを実現させていかないといけない。「立憲主義」に完成はないんだ。

君主を憲法でしばる「立憲君主制」

■ 「立憲君主制（りっけんくんしゅせい）」とは、君主の権力を憲法でしばっている政治体制のことです。
■ 君主の地位は残されているものの、その権力はほとんど議会などにゆだねられます。

●議会における王（女王）

助言

王権　　内閣

> イギリスでは、主権者は「議会における王（女王）」という言い方がされる。国王が伝統的にもっていた政治的な権力は、議会のなかに封じられているという意味だ。
> つまり、王様には権力はあっても、実際にはその力は議会や内閣を通じてしか使えない。このように君主制と立憲主義を両立させた政治体制を「立憲君主制」というんだ。

●助言を突っ張ねられない

危機的状況だ！

NO!

助言

王権　　内閣

> では、具体的に立憲君主制国家において、君主が政治に果たす役割はなんだろう。日本やイギリスでは、議会に人を集めたり、大臣を任命したり、法律に効力をもたせる……などが君主の権限となっている。
> しかし、これらは議会や内閣のアドバイス（助言）にもとづいて行われる。助言は慣例として通常は突っ張ねられないので、その役割は形のうえのものだ。

立憲君主が助言を突っぱねることは、普通はない。実際にそれをやることもできるが、影響は大きく、国に危機的な混乱が生まれかねない。

「立憲君主制」とは、憲法によって君主の権力が制限された政治体制です。これは、P26の説明と合わせて、「立憲主義にのっとった君主制」と言いかえることもできます。

専制君主制国家は、君主ただひとりに主権（国をおさめる権力）がある国のことでしたね。一方で、

一般的な立憲君主制国家では、君主には主権がないか、あっても形だけのものです。実際に国のありかたを決める権力は国民がもっていて、政治は国民の代表者による民主主義で動かされます。君主は形のうえでしかこれに関わりません。

ウェストミンスター憲章1931

憲章のなかで「象徴」が登場する部分は以下のとおり。

……また、王冠はイギリス連邦加盟国の自由な連合の象徴であり、加盟国は王冠への共通の忠誠によって団結しているため……

豆知識

上皇の総移動距離は地球15周分以上!?

天皇は紐帯をたしかめるために、しばしば日本各地を訪問（巡幸）する。文筆家・竹内正浩『旅する天皇』（2018年 小学館）によれば、2018年まで天皇として在位した上皇による海外への訪問も含めたすべての移動距離を合わせると62万4000キロ以上。これは地球を15周以上している計算になる。

●象徴としての立憲君主

君主を指して「象徴」という場合、P14でも記したように、一般に国家元首のことを意味する。

これは旧イギリス連邦（P11で取り上げたコモンウェルス・オブ・ネイションズ）についてさだめた「ウェストミンスター憲章」がもととなった表現[1]で、ここでは、王冠（イギリス国王）が自由な連合の象徴とされている。

これは決して、象徴の言葉からイメージされる「お飾り」のような軽い意味ではない。

●国民をまとめる

イギリスの評論家ウォルター・バジョットは、国を「機能する部分」と「威厳をもった部分」に分けた[2]。「機能する部分」とは実際に統治権を用いて政治を動かしていく内閣や議会を指す。一方「威厳をもった部分」は権威（人にいうことを聞かせる力）をもつ君主のことだ。

バジョットは「威厳をもった部分」としての君主を、決して軽くは考えなかった。国民の心をまとめるには複雑な政治そのものよりも、君主個人への忠誠といった感情が勝るものだと考えたからだ。

●生きた紐帯

イギリスのエリザベス2世は、君主が単なる象徴にとどまらず「あなた（国民）とわたしを結ぶ個人的な生きた紐帯（ふたつを結ぶ大切なつながり）であることを示したい」と語った[3]。日本でも同様に、昭和天皇が皇室と国民の絆を「紐帯」と呼んでいる。

実際にイギリスでは、慈善活動やコモンウェルスの国々との外交、日本では全国各地の訪問などを通じて紐帯をたしかなものにし続けているよ[4]。

【参考】（※1）鈴木昭典『日本国憲法を生んだ密室の九日間』（1995年 創元社）/【出典】（※2）[小松春雄訳]ウォルター・バジョット『イギリス憲政論』（2011年 中公クラシックス）/（※3）エリザベス2世のクリスマス・スピーチ（1953年）/（※4）君塚直隆『立憲君主制の現在』（2018年 新潮社）118頁

立憲君主に残された権限と権利

りっけんくんしゅ のこ けんげん けんり

一般に立憲君主は、政治にかかわる権限や権利がないといわれます。
いっぱん りっけんくんしゅ せいじ けんげん けんり

しかし、限定的ながら君主にも政治に影響する権限や権利は残されています。
げんていてき くんしゅ せいじ えいきょう けんげん けんり のこ

● 緊急事態における君主
きんきゅうじたい くんしゅ

国を守るぞ！
くに まも

ハイ

たとえば……
内閣全滅！
ないかくぜんめつ

災害や攻撃により内閣が失われた
さいがい こうげき ないかく うしな
り、内閣がいても混乱により物事を
ないかく こんらん ものごと
決められなくなったときは一時的に
いちじてき
君主に統治権が戻ることがある。
くんしゅ とうちけん もど

君主制国家において、統治権は
くんしゅせいこっか とうちけん
もともと君主のものだ。立憲君主は、
くんしゅ りっけんくんしゅ
それを自ら国民の手にゆだねている。
みずか こくみん て
それが、君主が国民から統治権を
くんしゅ こくみん とうちけん
取り上げられた共和制との最大の
と あ きょうわせい さいだい
違いだ。
ちが
なので、立憲君主制国家では国
りっけんくんしゅせいこっか こく
民が国を統治できなくなったとき——
みん くに とうち
具体的には災害や戦争などで政府
ぐたいてき さいがい せんそう せいふ
が機能しなくなったときには、国を
きのう くに
守るために君主に一時的に統治権
まも くんしゅ いちじてき とうちけん
が戻ることがある※1。
もど

天皇が緊急事態を
てんのう きんきゅうじたい
おさめたといわれる例
れい

「二・二六事件」
に にろくじけん

昭和11年2月26日に起きた「二・二六事件」は、戦前
しょうわ ねんがつ にち お に にろくじけん せんぜん
に起きた陸軍青年将校（位の高い若手軍人）によるクー
お りくぐんせいねんしょうこう くらい たか わかて ぐんじん
デター（政府を暴力でのっとること）未遂事件のこと。この
せいふ ぼうりょく みすいじけん
とき、岡田啓介首相が行方不明のため内閣は機能しなかっ
おかだけいすけしゅしょう ゆくえふめい ないかく きのう
たが、天皇が「鎮圧せよ」と軍に命じて混乱をおさめた。
てんのう ちんあつ ぐん めい こんらん

終戦の聖断
しゅうせん せいだん

第2次世界大戦の最後、日本は連合国に降参をせまられ
だいじせかいたいせん さいご にほん れんごうこく こうさん
た。このとき、降参を受け入れるかどうかをめぐって首相と軍
こうさん う い しゅしょう ぐん
のトップの意見が完全に分かれ、決定権をもつ当時の鈴木
いけん かんぜん わ けっていけん とうじ すずき
貫太郎首相も決められなかった。このとき、内閣が機能しな
かんたろうしゅしょう き ないかく きのう
くなったため、天皇は国民のために降参を受け入れたんだ。
てんのう こくみん こうさん う い

● 緊急事態における天皇
きんきゅうじたい てんのう

日本でも、戦前の大日本帝国憲
にほん せんぜん だいにっぽんていこくけん
法のもとでは、実際に（政府が対
ぽう じっさい せいふ たい
応できない）緊急事態をおさめるの
おう きんきゅうじたい
は君主の役割だった。左のとおり、
くんしゅ やくわり ひだり
天皇がその役割を果たしたと考えら
てんのう やくわり は かんが
れる実例もある。
じつれい

だけど、戦後の日本国憲法ではこ
せんご にほんこくけんぽう
うした緊急事態の想定がない。な
きんきゅうじたい そうてい
ので、内閣が機能しなくなったような
ないかく きのう
緊急事態に誰が権限をもつのか、
きんきゅうじたい だれ けんげん
はっきりとしていないんだよ。

立憲君主は国家元首として儀式などを行う一方で、国のありかたを決めるような権限はもっていません。

しかし、立憲君主は意思をもたず、ときの内閣の言いなりになるだけの操り人形ではありません。

下で説明している「緊急事態」や「3つの権利」のように、限定的ではあるものの君主が政治に一定の影響を与えることは否定されません。

もちろん、こうした権限や権利をみだりに使えば、立憲主義は崩れるかもしれません。立憲君主は、常に自身の影響力を意識してその役割を果たさねばなりません。

●立憲君主の3つの権利

普段は多くの権限をもたない立憲君主だが、イギリスの評論家ウォルター・バジョットによると、君主にも「3つの権利」はあるという。

それが、「警告する権利」「奨励（行いをすすめること）する権利」「相談を受けて意見をいう権利」の3つ。しかし、これらの権利に裏づけられた発言は命令ではないので、政治家の判断材料に用いられるだけ。もちろん、君主の意見や警告をきかなくても問題はない。

●君主は責任を負わない

立憲君主制国家には「君主無答責の原則」がある。「君主は責任を負わない」原則だ。「神聖不可侵」と表現されることもある。

しかし、権力をふるう政治には、必ず直接大きな責任がともなう。なので、君主は政治にはかかわらず、代わりに政治家が責任もって政治を行うんだ。

上にあげた〝3つの権利〟のように、君主の意見を政治家がきかなくてもいいのはこれが理由だ。政治の責任は、君主ではなく政治家にあるからなんだよ。

PICK UP!

ベルギー国王の警告

2010年、ベルギーでは、選挙後の政党間の意見対立により正式な政府の不在が1年以上続いた。当時の国王アルベール2世は、独立記念日のスピーチにて、この状況について政治家を叱りつけた。これは、国王が「警告する権利」を使った例だ。

●政治の報告を受ける

上にあげた「3つの権利」を支えているのが、君主が政治についての報告を受ける慣例だ。イギリスにおいては、19世紀のヴィクトリア女王の時代にさかのぼるもので、現在でも首相と国王の間で定期的に行われている。同様にスウェーデンでは、憲法の条文によってこの制度がさだめられている。

日本では、この制度（慣例）は「内奏」と呼ばれ、首相をはじめとする内閣のメンバー（大臣・閣僚）が天皇に政治についての報告を行っているよ。

【注】（※1）ごく限定された緊急事態における傾向であり、細かくは国ごとの憲法による。／【参考】[小松春雄訳]ウォルター・バジョット『イギリス憲政論』（2011年 中公クラシックス）

立憲君主の意義

現代においても立憲君主の意義を、積極的に見出す意見はあります。
共和制の大統領にはない立憲君主ならではの長所はなんでしょう?

●政治的中立性

立憲君主はいずれの政党にも属さない中立な存在だ。だから、国政が混乱した際には、君主のもと対立する政党同士が団結できるんだ。

たとえば、1931年のイギリスは、世界恐慌により国家存亡の危機に直面していた。そこで、当時の君主ジョージ5世は各党の指導者と入念に相談をしたうえ、労働党のマクドナルド首相を中心に「挙国一致政権」を誕生させたこともあったんだ。

●合意型民主主義

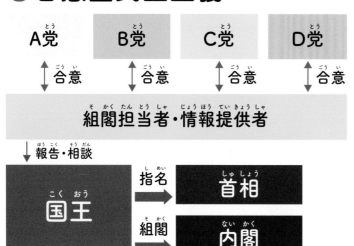

民族・言語の対立が根深いベルギーの政権は、小党による連立が必ず前提となる。このとき国王は自らが指名した「組閣担当者」を通じて各党の有力者の意見を調整しながら、内閣のメンバーを固めていく。同様に首相の任命について各党の意向を確認する「情報提供者」も存在する。このようにベルギーの合意型民主主義には、立憲君主の政治的中立性が不可欠なんだ。

血統による君主をいただく立憲君主制は、平等をめざす現代的価値観からは「時代遅れ」と語られることもあります。一方で立憲君主制が根づいたイギリス、北欧諸国、日本などの実態を振り返るなかで、その意義を積極的に認めようとする意見も見られます。

詳しくは以下で説明しますが、立憲君主の意義は「政治的中立性」にこそあります。立憲君主は平時には政治から常に一定の距離をおいているからこそ、国内のあらゆる政治勢力に等しく影響力を与え、そのもとにまとめあげることができるのです。

君主

大統領

中立なので敵が少ない

政敵の支持は得られない

●統合の象徴としての適格性

元首という意味では立憲君主も大統領も同じだ。しかし、政治家出身の大統領は、立憲君主とは異なり特定政党に属していたり、関係をもっていたりする。すると、特定政党への評価が低い国民は、大統領を支持しない（あるいは敵視する）傾向がある。

その意味でいえば、政治と距離を保ち続けられる立憲君主は「国民統合の象徴」としては、適格性（必要な資格をそなえていること）が高いという意見もあるんだ。

●危機における結束の象徴

第2次世界大戦においては、立憲君主が国民結束の象徴としてナチスなどの侵略者に対する抵抗運動をリードした事例も多い。オランダの女王ウィルヘルミナが、ラジオ放送を通じてナチス占領下の国民を励ましつづけた逸話は有名だ。

なかでも、北欧デンマークの国王クリスチャン10世は国内のユダヤ人を徹底してナチスから守りきり、なんとその98％が迫害から逃れることができたという逸話もある。

エリザベス2世の助言

イギリスの首相と国王の間では、週1回の謁見が行われている。この際、エリザベス2世は深い知識と幅広い経験から助言し、時の首相たちに影響を与えた。保守党の首相経験者ジョン・メイジャーも自伝のなかで「何度もその重要性を認識させられた」と語っている。

●豊かな経験と関係性

任期にさだめのない君主は、一般にどの政治家よりも長い経験を積むことができる。イギリスでは、それが具体的なアドバイスとなって時の政治家に影響を与えることもある。

また、特に外交においては君主の長い経験が意味をもつこともある。実際に2005年に明仁天皇がノルウェーを訪問した際に、現地ではすでに歴史上の人物としてしか知られていないホーコン7世との思い出を語り、ノルウェー国民を驚かせた。

【参考】君塚直隆『立憲君主制の現在』（2018年 新潮社）／水島治郎・君塚直隆『現代世界の陛下たち』（2018年 ミネルヴァ書房）

act.4
共和制

▲アメリカ合衆国議会議事堂所蔵『独立宣言』（John Trumbull作）。1775年のアメリカで、イギリスからの独立を宣言する「独立宣言」の草案（下書き）が提出された様子。

　世界を見てみると、君主をもたない国が多数派です。こういう国を「共和制」といいます。

　共和制の国々にも、かつては伝統的な君主がいました。しかし、多くの国々はさまざまな理由によってその伝統を捨ててしまって、共和制に生まれ変わりました。

　伝統と決別して生まれ変わるというと、なんとなく進歩的な感じがするかもしれません。しかし、実際のところは必ずしもそうとはいえません。詳しくは次のページ以降で説明します。

国家元首を人民が選ぶ「共和制」

共和制（きょうわせい）は今日（こんにち）最（もっと）も一般的（いっぱんてき）な国（くに）のかたちです。
しかし、その実態（じったい）は国（くに）によってバラバラです。

●国（くに）の権力（けんりょく）を人民（じんみん）が裏（うら）づける

政治権力（せいじけんりょく）には、その支配（しはい）を正（ただ）しいものとする裏（うら）づけが必要（ひつよう）だ。これを「正統性（せいとうせい）」という。君主制国家（くんしゅせいこっか）なら、正統性（せいとうせい）は君主（くんしゅ）の血統（けっとう）ということになる。
　一方（いっぽう）、共和制国家（きょうわせいこっか）では、その正統性（とうせい）は君主（くんしゅ）ではなく人民（じんみん）に求（もと）められる。つまり「人民自身（じんみんじしん）が国家元首（こっかげんしゅ）（一般（いっぱん）に大統領（だいとうりょう））を選（えら）んで認（みと）めた」という事実（じじつ）を、政治権力（せいじけんりょく）の正統性（せいとうせい）としているのが共和制国家（きょうわせいこっか）だ。

●国家元首（こっかげんしゅ）に実権（じっけん）がある場合（ばあい）も

立憲君主制国家（りっけんくんしゅせいこっか）における君主（くんしゅ）は政治上（せいじじょう）の実権（じっけん）をもたない。一方（いっぽう）で、共和制（きょうわせい）の国家元首（こっかげんしゅ）は実権（じっけん）をもっている場合（ばあい）がある。近代的（きんだいてき）な共和制（きょうわせい）の元祖（がんそ）であるアメリカの大統領（だいとうりょう）も、国家元首（こっかげんしゅ）と行政（ぎょうせい）のトップを兼任（けんにん）している。
　とはいえ、共和制国家（きょうわせいこっか）もその国（くに）のありかたはさまざまで、当然（とうぜん）ながら国家元首（こっかげんしゅ）の実権（じっけん）についても国（くに）ごとに異（こと）なる。細（こま）かくは左（ひだり）の表（ひょう）で見（み）ていこう。

国（くに）	おもな権限（けんげん）
アメリカ	外交権（がいこうけん）・大統領令（だいとうりょうれい）・行政（ぎょうせい）のトップ・軍（ぐん）の統帥権（とうすい）・法案拒否権（ほうあんきょひけん）
イタリア	軍隊（ぐんたい）の統帥権（とうすいけん）
韓国（かんこく）	外交権（がいこうけん）・行政（ぎょうせい）のトップ・予算案（よさんあん）の提出権（ていしゅつけん）・法案拒否権（ほうあんきょひけん）
中国（ちゅうごく）	国家元首（こっかげんしゅ）としての形式的（けいしきてき）な権限（けんげん）のみ（ただし総書記（そうしょき）との兼任（けんにん）が慣例化（かんれいか））
ドイツ	国家元首（こっかげんしゅ）としての形式的（けいしきてき）な権限（けんげん）のみ
フランス	外交権（がいこうけん）・議会（ぎかい）の解散権（かいさんけん）・軍（ぐん）の統帥権（とうすいけん）・国民投票（こくみんとうひょう）の実施（じっし）・法案拒否権（ほうあんきょひけん）
ロシア	外交権（がいこうけん）・大統領令（だいとうりょうれい）・軍（ぐん）の統帥権（とうすいけん）・政府要職（せいふようしょく）の任免権（にんめんけん）・法案拒否権（ほうあんきょひけん）・国民投票（こくみんとうひょう）の実施（じっし）

※統帥権（とうすいけん）…軍隊（ぐんたい）の最高指揮権（さいこうしきけん）。

共和制は人民によって選ばれた代表者が、国家元首として国をおさめる国のかたちです。伝統的な君主の権力を否定することから生まれたもので、歴史的には革命によって君主を追放したり閉じ込めたり処刑するか、植民地から独立することで実現しました。

現在の国連加盟国の大部分が共和制を採用しています。しかし、その実態は国ごとの背景（歴史・国内外の情勢）によって大きく異なっているため、以下では大づかみに現在よく見られる共和制国家のありかたを確認していきましょう。

●アメリカの共和制

「三権分立」を徹底した共和国だ。大統領は行政権をにぎっているだけで、立法に直接かかわることはできない。法案の提出権はなく、拒否権をのぞいて議会外での交渉や年に一度の一般教書演説によって議会に影響力を及ぼすことしかできない。一方、統帥権があるため、戦時には大きな指導力をもつ。

●権力集中の共和制

ロシアや中国、中南米の国々、韓国などは、共和国のなかでも権力が個人もしくは特定の政党に集中している（集中の度合いは国によって異なる）。共和制国家ではもっとも一般的で、その背景には国内政治の不安定さや外敵の驚異などといった特有の事情があることが多い。

●軍国主義の共和制

スイスは、軍事力を重んじる共和制国家だ。自国の防衛以外の戦争に参加できない「永世中立」を掲げているため、同盟を結ぶことはできず、周辺国からの侵略には自国のみで対応せねばならない。スイスは一般に国民がまとまりづらい多民族国家だが「外敵に対する防衛」（国民皆兵）により団結している。

大統領

内閣

●議院内閣制の共和制

議院内閣制（ウェストミンスターモデル）を導入した共和制。大統領が象徴的役割におさまっているドイツが典型例だ。似た制度を採用している国にイタリア・フランスがあるが、それらは大統領に実権があり「半大統領制」として議院内閣制とは区別して語られる。

フランス革命の失敗

アメリカとフランスはほぼ同時期に共和制を打ち立てた国です。
しかし、初期のフランス共和制は大きな混乱を生みました。

●君主を殺したフランス革命

ルイ16世の処刑を描いた絵画※1

1789年から1795年にかけて、フランスでは平民による革命が進められた。当時、国王は貴族や聖職者の税金を少なくする一方で、平民から税金を搾り取っていた。これに怒った平民は特権階級を排除し、平等を求めて改革運動を進めたのだ。

しかし、この運動はいきづまるにつれ過激化していった。そして最終的に人々は当時の国王ルイ16世を処刑してしまったんだ。

権力

●革命の混乱

国王の処刑は、フランスに大きな混乱をもたらした。国王を暴力で排除した結果、政敵を暴力で排除することが普通の手段となってしまった。革命を率いたジャコバン派の指導者ロベスピエールは独裁者となり、激しい権力闘争を繰り広げて、敵対者を次々にギロチンにかけて排除した。結局、この「恐怖政治」はロベスピエール自身が処刑されるまで続いたんだ。

一度、暴力的に権力を奪ってしまうと、暴力による権力闘争に歯止めめがかからない。

近代共和制を語るうえで欠かせないのが、フランス革命の失敗です。フランス革命の根本にあるのは「人間の平等」という今日に通じる理念であり、その初期の運動も立憲君主制をめざした穏やかなものでした。しかし、運動がいきづまると、民衆の熱狂や苦しまぎれによって暴力的な革命へと発展していきます。

結局、フランスはその後も近代的な共和制のありかたを設計できぬまま迷走を続け、第3共和制でかろうじてそれが成立するまでに大きな血を流す悲惨な道のりをたどることとなったのです。

フランス共和制の混乱

第1共和制（ジャコバン派独裁政権）

↓

ルイ16世の処刑

↓

帝政（ナポレオン）

↓

王政復古（ルイ18世）

↓

7月王政（ルイ・フィリップ）

↓

第2共和制

↓

帝政（ナポレオン3世）

↓

第3共和制

●血にまみれたフランス

ロベスピエールの死後も、フランスの混乱は続いた。左の表を見ればわかるとおり、1792年の第1共和制樹立から1870年の第3共和制成立までのたったの78年間で、国の指導者もありかたもコロコロと変わっている。その混乱のなかで、多くの血が流れたことはいうまでもない。特に第3共和制の成立直前に起きた「パリ・コミューン政権」（パリ市民による労働者政権）の崩壊では、1週間に2万5000人が死んだとされる（「血の週間」）。

●第3共和制でも混乱続き

一般にフランスの共和制は、第3共和制で定着したといわれる。たしかにフランス第3共和制は70年にわたり続いたため、それ以前と比べれば安定していたことは間違いない。しかし、その70年の間にたびたび政変が起こるなど、その内実は決して安定したものとはいえなかった。

その後、戦後に成立した第4共和制下での政治的混乱を経て、現在のフランスは半大統領制を導入した現在の第5共和制に落ちついている。

※2

●イギリスでは否定された王殺し

フランスと同じように国王を処刑したものの、まったく異なる結末をむかえたのがイギリスだ。「清教徒革命」（内乱ともいわれる）の最中の1649年には、イギリス国王チャールズ1世を処刑するという事件が起きた。その後、指導者クロムウェルの独裁につながった反省から、彼の死後にイギリスはすぐさま君主制に復帰。以降は暴力によらない「名誉革命」と議会を通じた君主の権力制限を経て、イギリス政治は今日の立憲君主制へと発展していった。

【出典】（※1）版画『ルイ16世の処刑』（Georg Heinrich Sievek作）／（※2）『チャールズ1世の処刑』NATIONAL PORTRAIT GALLERY所蔵（作者不明）

民衆（みんしゅう）を信じなかったアメリカ

アメリカの大統領（だいとうりょう）は国家元首（こっかげんしゅ）でありながら、行政（ぎょうせい）のトップでもあります。
一方、権力分立（けんりょくぶんりつ）のため立法権（りっぽうけん）への影響力（えいきょうりょく）は最小限（さいしょうげん）にとどめられています。

●立法権（りっぽうけん）と行政権（ぎょうせいけん）の分立（ぶんりつ）

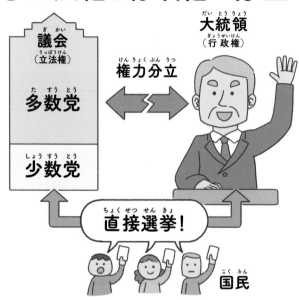

議会（ぎかい）（立法権（りっぽうけん））

大統領（だいとうりょう）（行政権（ぎょうせいけん））

権力分立（けんりょくぶんりつ）

多数党（たすうとう）

少数党（しょうすうとう）

直接選挙（ちょくせつせんきょ）！

国民（こくみん）

アメリカ建国者（けんこくしゃ）たちが最（もっと）も大切（たいせつ）にしたのが権力分立（けんりょくぶんりつ）だった。民衆（みんしゅう）を信（しん）じなかった建国者（けんこくしゃ）たちは、独裁（どくさい）を避（さ）けるために徹底（てってい）して権力（けんりょく）の集中（しゅうちゅう）を避（さ）けた。なかでもアメリカでは、内閣（ないかく）に集中（しゅうちゅう）する行政権（ぎょうせいけん）と立法権（りっぽうけん）を分（わ）けることは欠（か）かせなかった。

大統領（だいとうりょう）が国民（こくみん）の直接選挙（ちょくせつせんきょ）によって選（えら）ばれるのも、議会（ぎかい）（立法権（りっぽうけん））と大統領（だいとうりょう）（行政権（ぎょうせいけん））をお互（たが）いに独立（どくりつ）させるためだ。

立法勧告権（りっぽうかんこくけん）（こういう法案（ほうあん）を通（とお）して！）

いやです

議員（ぎいん）

できることないしゴルフするか…

拒否権（きょひけん）（この法案（ほうあん）は無効（むこう）だ！）

2／3の賛成（さんせい）で成立（せいりつ）！

議会（ぎかい）

法案成立（ほうあんせいりつ）（政策（せいさく）が実現（じつげん）！）

憲法違反（けんぽういはん）！

司法（しほう）

●弱（よわ）すぎる大統領（だいとうりょう）

上（うえ）のような事情（じじょう）もあり、アメリカ大統領（だいとうりょう）の権力（けんりょく）はとても弱（よわ）い。大統領（だいとうりょう）が政策（せいさく）を実現（じつげん）するためには、年（ねん）に一度（いちど）の一般教書演説（いっぱんきょうしょえんぜつ）で議会（ぎかい）に立法（りっぽう）を「お願（ねが）い」する（立法勧告権（りっぽうかんこくけん））しかないんだ。また、仮（かり）に希望（きぼう）する法案（ほうあん）が実現（じつげん）しても、司法（しほう）が「憲法違反（けんぽういはん）」と判断（はんだん）すれば無効（むこう）になる。

ちなみに、大統領（だいとうりょう）には法案（ほうあん）の拒否権（きょひけん）もあるが、それも議会（ぎかい）の2／3の賛成（さんせい）で再可決（さいかけつ）できる。

大統領（だいとうりょう）が無力（むりょく）なあまり、大統領（だいとうりょう）の政治的（せいじてき）な話題（わだい）よりもゴルフの話題（わだい）のほうが注目（ちゅうもく）されたケースもある。

近代共和制を確立したのは、アメリカです。アメリカはかつてイギリスの植民地でしたが、戦争のすえに1783年にイギリスが独立を承認。当時13の邦のゆるやかな集まりだったアメリカは、君主制に代わる新たな国家のかたちを築く必要にせまられました。そして、じっくりと話し合ったすえに生み出したのが、近代共和制でした。イギリスやフランスでは独裁につながった共和制を、アメリカの共和制は徹底的な権力分立によって確立させたのです。

一方、その厳しい権力分立にはデメリットも多く、アメリカにしか見られない特色となっています。

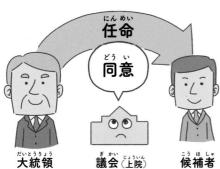

任命

同意

大統領　議会（上院）　候補者

戦争　不況

USA!　USA!

弾劾の対象となる重大な罪

- 反逆罪（アメリカに戦争をしかける、外敵を援助するなど）

- 贈賄罪（ワイロを受け取ったり、要求すること）

- そのほかの重大な罪（具体的になにを指すかはわからずその範囲は司法の判断による）

●象徴としての大統領

大統領は国家元首であるため、君主制国家の君主と同じように「国民統合の象徴」としてさまざまな儀式を行う義務がある。

大統領選挙において当選した候補者が、聖書に手をおいて国内外に新大統領への就任を宣誓する「アメリカ合衆国大統領就任式」などは、日本でもよく知られている儀式の一例だ。

●政府重要ポストの人事権

アメリカ大統領は外交官・連邦最高裁と高裁の裁判官、各省の長官といった政府の重要ポストの人事権をもっている。これは立憲君主とは異なり、大統領自らの意思によって指名できる。ただし、任命には上院の同意が必要なので、実際には議会によってその権力もしばられているんだ。

●危機と大統領

戦争などの危機が迫る非常事態には、大統領に国を守るためのとても大きな権限が与えられる。その内容は軍事施設の建設や公有地の利用、各種規制など、さまざまなものが含まれる。これに対して議会は非常事態を終了させる決議が行えるが、この決議に大統領が拒否権を用いることもできる。

●大統領の弾劾

アメリカの大統領は行政のトップでもある。議院内閣制においては議会が首相をクビにする仕組み（内閣不信任案）があるが、アメリカ大統領にはそのような制度はない。ただし、大統領が重大な罪で下院に訴えられ、上院の2／3が有罪と判断したときのみ大統領をクビにすること（弾劾）ができる。

【参考】久保文明・砂田一郎・松岡泰・森脇俊雅『アメリカ政治第3版』（2017年　有斐閣アルマ）

共和制＝民主主義ではない

共和制＝民主主義とは必ずしもいえません。
ここからは、その実例を見ていきましょう。

●民主集中制

中国のような社会主義国も、共和制国家のひとつだ。社会主義国ではそのルーツであるソビエト連邦の「民主集中制」という制度を利用しており、中国も例外ではない。これは共産党員がその上級機関や指導者の決定に従うというルールだ。中国では共産党が国よりも上位の存在であるため、政治だけでなく人々の権利も党上層部の意向に左右されるんだ。

※上層部…偉い人たち。

韓国の大統領の権力集中は汚職につながりがちで、退任後に逮捕されることも多い。

●大統領の帝王化

韓国の大統領は権限が大きく、一部で「帝王的」と表現されることもある。具体的には政策に使うお金の計画「予算案」の提出権を握り、政府要職の人事に関与するのが特徴だ。これにより、大統領はあらゆる権力に大きな影響力を与えられるんだ。

しかし、実は大統領制では大統領に権力集中している国が多く、それゆえ先進国の共和制国家の大部分は議院内閣制を採用している。

共和制の正統性が人民にあるというと、直感的にそれが「民主主義」を意味すると感じることは自然なことです。血統による君主をいただく君主制よりも、大統領を自分たちで選べる共和制のほうが、やはり民主主義の価値観に近そうに感じますよね？

ですが、実態を見てみると、必ずしもその直感は正しくありません。世界を見渡してみると、民主主義を立派に実現させている立憲君主制国家もある一方で、独裁や限定的な民主主義によって動かされている共和制国家もあるからです。詳しくは以下の具体例を見てみましょう。

建国者の子孫

北朝鮮

宗教指導者

司法	行政	立法
裁判所	大統領	国民議会

●王朝化した共和国

北朝鮮も共和制国家だが、実態を見れば国の最高指導者の地位は世襲によって引き継がれている。建国者の金日成にはじまり、その息子の金正日、孫にあたる金正恩……とすべて同じ血統の人物だ。

これを「王朝（君主の系列）」と表現することもあるけど、一応北朝鮮としては国を支配する朝鮮労働党のなかで「選出」されているという建前がある。正統性を血統ではなく人民の総意においているため、共和制国家を名乗っているんだよ。

●イスラム共和制

さらに共和制国家のなかには、国家の上に特定宗教をいただく国もある。中東の国家イランは革命により国王を追放して、共和制国家となった。そのため、イランにも大統領はいるが、そのさらに上に宗教指導者がいる。宗教指導者はラフバル（最高指導者）とも呼ばれ、ラフバルは国の政治すべてに大きな権限をもっている。

この場合、国家元首としての役割は、ラフバルと大統領が分けてもっていると考えられている。

イギリス

ナチス・ドイツ

君主制　VS　共和制

ウィンストン・チャーチル
（1874-1965）

アドルフ・ヒトラー
（1889-1945）

●国のかたちでは語れない

第二次世界大戦において、ナチス・ドイツがヨーロッパ諸国を侵略して人々の自由を奪ったことはよく知られている。国のかたちで見れば、ナチス・ドイツは共和制国家だった。一方で、それに対抗したチャーチル率いるイギリスは君主制国家だ。

また近代の君主制にも、一党独裁だったイタリア王国の例はある。つまり、国のかたちだけで、その政治を語ることはできない。国の実態は細かい制度設計や運用によって、大きく変わるんだ。

王国じゃない君主制国家「公国」とは？

君主制国家には「公国」と呼ばれる国家もあります。
王様がおさめる王国とはなにが違うのでしょうか？

初代モナコ公・オノレ2世（1597-1662）の肖像
モナコ大公 宮 殿所蔵 （Philippe de Champaigne作）

●「公」がおさめる国

公国は、その名前からもわかるとおり「公」がおさめる国を意味する。この場合の「公」とは、一般には公爵や大公のことを意味する。つまり、言葉の意味からすればどこかの国の勢力圏における貴族がおさめる国ということになるが、少なくとも現代では独立国の主権が認められているので公国における「公」も、王と対等な君主であることに変わりはない。

●ヨーロッパの爵位を見てみよう！

「大公」や「公爵」といった称号は、ヨーロッパの爵位にもとづく。しかし、爵位は地域によっても細かく違うので、厳密な説明は難しい。ここではイギリスの爵位をもとに大まかに説明する。

公爵 duke

貴族における最高位。もともとはローマ帝国時代に各地に派遣された軍団長を指す「dux」で、その後は特に強大な領主を表す称号となった。

侯爵 marquess

侯爵は公爵に次ぐ爵位。もともとは国境の防衛を任された指揮官を指す「辺境伯」で、それが「伯」の格上だったため、現在の爵位となった。

伯爵 count/earl

侯爵に次ぐ爵位。ローマ大帝の側近の役職として現れ、フランク王国時代に大帝に領地を与えられた側近を「伯」と呼んだ。イギリスでは昔の豪族の称号にちなんでEarlと呼ぶ。

子爵 viscount

伯爵に次ぐ爵位。もともとは西ローマ帝国の滅亡後、伯よりも小さい領地を治めた下級役人「副伯（vicecomes）」が起源だ。

男爵 baron

最も低い爵位。もともとは領地を与えられた伯爵以下の者を指す一般的な用語だったが、やがて現在の地位にある貴族を指す言葉となった。

大公・王子・公子 prince

大公はローマ時代に元老院で最初に発言権をもつ者（第一人者「princeps」）として皇帝アウグストゥスに与えられた称号が元。その後、特定の地域の実質的な君主を王と区別して呼ぶ称号となる。また、イギリス王子がウェールズの領地を与えられたことで「王子（プリンス）」の称号にも用いられるようになった。

ちなみに、日本語で「大公」と訳される言葉には grand duke（grand prince）もあり、ルクセンブルク大公はこの称号を名乗っている。この称号は、通常のduke やprinceよりも格上とされる。

辺境伯 margrave

ドイツに特有の称号。爵位とは異なるが、もともとは他国の侯爵と同じ起源をもつ。ドイツの辺境伯がその地で大きな勢力を誇ったため、一般の侯爵とは区別されてこう呼ばれる。

【参考】君塚直隆『貴族とは何か－ノブレス・オブリージュの光と影－』（2023 新潮選書）

第2章
民主制

キミに決めた！

委任

まかせて！

国民

議員

議会

act.1
民主制とはなにか

▲バチカン宮殿所蔵『アテナイの学堂』（Raffaello Santi作）。古代ギリシアの哲学者たちが描かれている。アテナイは古代民主主義の地としてしばしば名前が挙がる。

よく「民主主義は多数決じゃない！」という人がいます。たしかに現行の民主制（民主主義）は多数決とセットで用いられるのが一般的ですが、では多数派ならなにをしてもいいのか、少数派の意見なんて無視していいのか、といわれればなにか違うような気がします。

かといって、少数派が反対しているかぎり、なにも決定ができないというのも困りますよね。多数決ではないのなら、民主制とはなんなのでしょう？　次のページから一緒に考えてみましょう。

民が自らを統治する「民主制」

■ 民主制は、単なる制度だけではなく価値観でもあります。
ここでは、現代の一般的な価値観にもとづく「民主制」を説明します。

●民主主義と自由主義の緊張

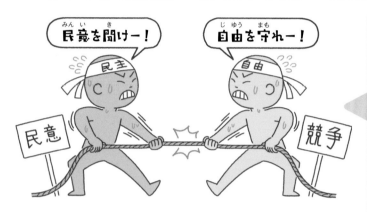

政治学者の山本圭が指摘するように、民主制は大きく分けてふたつの価値観にもとづいている。ひとつが「民主主義」。もうひとつが「自由主義」だ。

どちらも現代社会には欠かせない価値観だが、このふたつの価値観の目指すところには大きなズレがある。それぞれの価値観は一方が強まれば、必然的にもう一方が弱まるという緊張、綱引きのような関係にあるんだ。

●民主制の異なるルーツ

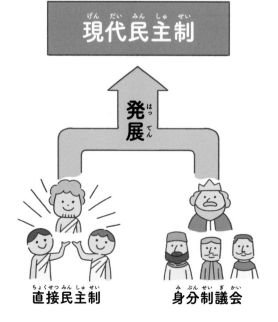

現代民主制

発展

直接民主制　　身分制議会

民主制のふたつの価値観は、それぞれ異なるルーツをもつ。

詳しくは右の表にまとめているが、簡単に説明すれば国民の平等な政治参加を求める「民主主義」は、古代の「直接民主制」。一方で、国家権力から個人の権利・自由を守る「自由主義」は、中世の身分制議会にルーツがある。この異なるルーツが、価値観の緊張関係を生んでいるんだね。

民主制とは、国民が自分たち自身を統治する制度のことです。民主主義ともいいます。

民主制や民主主義という言葉は、読者のみなさんも一度は口にしたことがあるでしょう。しかし、その意味をハッキリとさせることは意外に難しいものです。実際、民主制には幅広い意味やイメージがあり、独裁政治すらも民主制のひとつに数える考え方もあるほどです（詳しくはP102からはじまるact.5で説明します）。

ここでは一般に民主制といったときにイメージされる、近代国家における民主制を説明していきます。

●「民主主義」と「自由主義」をくらべてみよう！

「民主主義」と「自由主義」は、あまり日常では使われない言葉です。具体的にそれぞれはどういう価値観なのでしょうか？

民主制におけるそれぞれの価値観について、ポイントをまとめてみました。

いいバランスはなんだろう…

民主　自由

民主主義		自由主義
平等な政治参加・人民主権 国民ひとりひとりが、政治の決定者になることを大切にする。より多くの国民のさまざまな意見（民意）が政治に取り入れられる制度を評価する価値観で、民主制における「選挙権の拡大」や「国民投票」などはこの立場にもとづいて進められる。	理想とする民主制	**エリートによる競争** 国家権力から、国民の権利や自由を守ることを大切にする。多数派の支持にもとづく権力の暴走をおそれ「民意」を積極的には評価しない。一定以上の判断力をもったエリートが国民の支持をめぐり競争する「間接民主制」はこの価値観にもとづく。
古代ギリシャの「直接民主制」 古代ギリシャのアテナイの「直接民主制」がルーツ。アテナイでは（当時の意味で）すべての市民が、議会に参加し平等に意見表明や投票を行った。	ルーツ	**13〜14世紀の「身分制議会」** 中世ヨーロッパの身分制議会がルーツ。身分制議会は、戦争や税金について特権階級（貴族・聖職者・都市の代表者）に同意してもらう場だった。
平等の実現 平等な政治参加を大切にする。一部のエリートだけが政治に参加する「間接民主制」については、積極的に評価しない。 **統治者と被統治者が同じ** 統治する側と統治される側が同じであることを大切にする。なるべく多くの国民が（統治されるだけでなく）統治する側にも回ることが理想。	伝統的な価値観	**人権・自由の尊重** 人権と自由を大切にする。多数派の民意に反したとしても、結果的に人権や自由を守ることができるなら、そちらのほうが正しいと考える。 **法の支配** 専制君主の権力をおさえるために用いられた、法による制限（法の支配）は民主制においても大切にされる。民意も、法にしたがわなければいけない。

【参考】山本圭『現代民主主義』（2021年 中公新書）

民主制のおこり「直接民主制」

古代アテナイは民主制のルーツといわれます。
そこでは想像以上に高度な民主制が行われていました。

●古代アテナイの民会

アテナイの政治家ペリクレスが演説する様子※1

民主制のはじまりは、一般に古代文明の直接民主制とされる。とりわけ古代ギリシャの都市国家アテナイにおける「民会」はその代表例だ。

アテナイの市民はプニュクスという丘に集まり、都市国家の政策について自由に演説をした。そして、議案は多数決で決められた。市民間の平等は徹底されていて、最盛期には政治の役職もくじ引きで選ばれていたんだ。

●当時の〝平等〟な政治参加

- 男子
- 奴隷ではない
- 18歳以上
- 父親もアテナイ市民

彼らは権利の一方で、戦争では兵士として戦う義務も負った。

古代アテナイの直接民主制は、まだ人権という概念が生まれる前のものだ。だから、市民間の平等といっても、〝平等〟の意味は現代とは異なる。

当時のアテナイにおける市民とは、18歳以上の男子にかぎられた。さらに父親がアテナイ市民である必要もあり、奴隷は市民には含まれなかった。

現代の基準では平等に反する面もあるが、それでも当時からすれば、十分に平等だったんだ。

最新の研究によれば、直接民主制はさまざまな古代文明に見られたといいます。しかし、そのなかでも、民主主義のルーツとして語られることが多いのは、やはり古代ギリシャのアテナイにおける直接民主制でしょう。

古代アテナイでは、国の政策について市民が直接話し合い、票決によって決めるという「直接民主制」が行われていました。

そこでは平等な政治参加、自由な個人、法の支配といった近代以降の民主制にも通じるポイントも、部分的ながら実現していたといわれています。

アテナイの直接民主制の特色

神奈川より
ちょっと大きいくらい

言いなりには
ならないぞ！

むぅ…

その議案は
法に反してるぞ！

えぇっ！？

●面積が小さい

古代アテナイの直接民主制を考えるうえでは、都市国家の面積を理解しておく必要がある。アテナイは、日本の神奈川県より少し大きい程度だった。現代の国家のスケールからすると、かなり小さい。

そのため、統治において専門の公務員が必要なく、それに代わる役職を市民自身が持ち回りで担当できたんだ。また市民が（苦労はあれど）集会の会場に現実的にたどりつけた、という部分もポイントだ。

●市民の独立した自由

古代アテナイの直接民主制においては、市民ひとりひとりの独立した自由が重んじられた。そのために何度か改革が行われた。その内容は、貴族集団の権力を弱める、借金によって奴隷となった市民を助ける、貴族の土地を一部市民に与えるなど市民間の格差を埋めるものだった。

現代人からすると強引な手段も多いが、結果的にこれらの改革が自由で活発な民主制を支えたんだ。

●「法の支配」の発見

古代アテナイには、裁判制度があった。そこでは、法にもとづいて原告と被告がそれぞれ弁論をし、陪審員の民衆による票決によって審判を下す仕組みも用意されていたんだ。

また、法に反した議案については廃止できる制度もあった。権力でも破ってはいけない規範があるという「法の支配」が確立されるのは1215年のことだが、それに近い考えは紀元前からあったんだね。

【出典】（※1）『葬儀の演説するペリクレス』個人所蔵（Philipp von Foltz作）【参考】宇野重規『民主主義とは何か』（2020年 講談社）

現代に残る「直接民主制」

■ 現代の民主制といえば、その大部分は間接民主制です。
しかし、一部に直接民主制に分けられる制度もあります。

● イニシアティブとレファレンダム

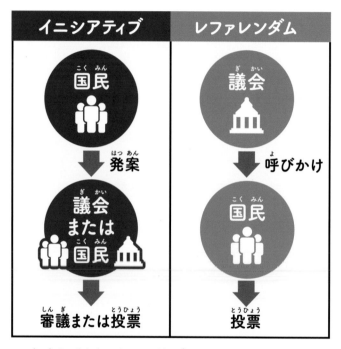

イニシアティブ	レファレンダム
国民	議会
↓ 発案	↓ 呼びかけ
議会 または 国民	国民
↓	↓
審議または投票	投票

イニシアティブとレファレンダムは、現在の代議制民主主義に用意された直接民主制だ。

イニシアティブは「国民発案」ともいい、国民自らが希望する政策を議会・国民に向けて提案する制度だ。

一方でレファレンダムとは政治の重要な決定について、国民が直接投票する制度のことだ。日本では憲法改正の国民投票がそれにあたる。

● 直接民主制の本場 スイス

	イニシアティブ ※1	レファレンダム ※2
件数	226件	200件
可決・承認	24件	116件
可決・承認率	10%	58%

スイスは外敵から自分たちを守るために、農村同士の同盟や領主から市民が独立して作った「自治都市」が複雑に合わさって生まれた国だ。そのため、直接民主制のような自治の意識が伝統的に根強く残る。

イニシアティブやレファレンダムの件数も圧倒的に多い。世界で行われた国民投票を見ると、実にその半数以上がスイスで実施されたものだ。

2021年までに行われたそれぞれの制度の実績 ※3

現代の民主制において主流なのは、政治家や議会を中心とする間接民主制です。国民から選ばれた政治家（代表者）によって動かされる間接民主制においては、どうしても民意と政治の間にギャップが生まれるものです。そこで、そうしたギャップを埋めるために、部分的に直接民主制を取り入れているケースがあります。

具体的には「イニシアティブ」（国民発案）と「レファレンダム」（国民投票）のふたつがあげられます。これらの国民が政治に直接的に影響を及ぼす制度は、必要に応じて民意を確認する意味があります。

リコール

● リコール

リコール（国民罷免）とは、議員などをその任期中に罷免（クビにすること）する制度だ。一定の有権者が請求すると投票が行われ、成立すれば罷免が行われる。アメリカでは州・地方レベルで、イギリスでは限定された条件のなかで国レベルで実現している。

日本では地方自治体のトップや議員に対する制度がよく知られている。また、選挙を通じて行われる最高裁判所裁判官の国民審査もこの制度の一種だ。

● タウンミーティング

タウンミーティングは地方自治において、行政もしくは政治家と住民の間で行われる集会のこと。議論とは異なり、対話を通じて両者の距離を近づけるためのものだ。一方で住民側の声を行政や政治家に直接届けるという役割も果たしているため、直接民主制の一種とされることもあるんだ。

ただし、実質的にはかぎられた住民だけしか参加しないタウンミーティングは、必ずしも民主的ではないという意見もある。

● 熟議民主主義という提案

未来の直接民主制についての提案としては「熟議民主主義」があげられる。

熟議民主主義については発言者によってさまざまな定義があるが、主流な理解は「一般市民が専門家による中立的な助言（情報提供）を受けながら、時間をかけて討論や意見交換を行うことで納得できる政策の決定もしくは提案をする仕組み」のことだ。あくまで現状では提案段階だが、民意と政治のギャップを埋める方法として議論されている。

【注】（※1）国民投票に至ったもの／（※2）議員の呼びかけによって行われる任意レファレンダム／（※3）スイス公共放送協会国際部の調査に基づく（2022年時点）。

エリートに委ねる「間接民主制」

現代の民主制のベースとなるのが「間接民主制」です。
ここでは間接民主制の意味と意義の両方を説明します。

●代表者による政治

「間接民主制」は、選挙で選ばれた国民の代表者を通じて、政治の意思決定（政策決定）を行う制度だ。国民は政治に直接はかかわらず、代表者にその権利を委ねる（委任）。

一方で、国民には代表者を選ぶ権利があり、国民は自分の信頼できる代表者を選ぶことができる。この選択と手続きを通じて〝間接的に〟政治に参加するシステムだ。

政治の意思決定を行う場（議会）に議員を送り込むことを通じて、国民は政治に参加する。

●説明責任（アカウンタビリティ）

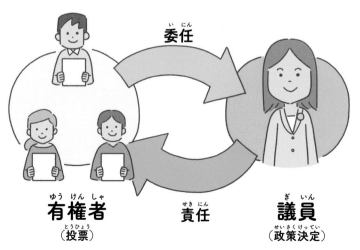

国民の大切な権利を委ねられた以上、代表者（議員）には責任も生まれる。政治用語では「説明責任（アカウンタビリティ）」と呼ばれるものだ。

ここでいう説明責任はニュースなどで用いられる意味（納得してもらうまで説明する）とは違う。議員が国民に対して「（委任にあたって）依頼された役割をきちんとやっています」と説明できるようにしておく責任のことだ。

「間接民主制」は、代表者を通じて国民ひとりひとりが政治に参加する仕組みです。政治の直接的な意思決定は代表者が行い、国民は代表者を選挙で選ぶことを通じて政策をコントロールします。「代議制」や「議会制」などとも呼ばれます。

間接民主制において特徴的なのは、代表者（エリート）同士が競争する仕組みでしょう。そこには異なる利害をかかえる国民の代表者が複数いて、それぞれ選挙によって競争します。この競争を通じて、特定の集団への権力の集中をふせぐことも、間接民主制の大切な役割です。

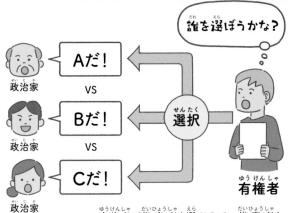

誰を選ぼうかな？

政治家　A だ！
vs
政治家　B だ！
vs
政治家　C だ！

選択

有権者

有権者が代表者を選ぶので、代表者もあまりに勝手気ままな意見はいえない。

●さまざまな利害の競争

国民にはいろいろな人がいて、それぞれ利害（得したり損したりすること）も違う。たとえば「平和」という誰しもが共感する課題ですら、それを実現する方法（軍事力を強めるか、徹底して対話するのか）については意見や利害が対立するよね？

間接民主制における〝選挙〟は、こうしたバラバラな利害をもつ集団間の競争という側面ももつ。競争によって、特定の集団への権力集中をふせぐんだ。

政治はまかせて！

●国民と政治家の分業

政策決定をめぐる話し合いは時間がかかるし、そのための予備知識を学ぶ専門的な勉強も必要だ。こういった役割を、忙しく暮らす国民ひとりひとりが担うことは難しい。間接民主制は、役割分担（分業）として政治をプロに委ねる仕組みともいえる。

また、政治をプロに委ねることで、政策が間違っていたときに責任を取る当事者を明確にできるというメリットもあるんだ。

異議あり！

●闘技民主主義という提案

熟議民主主義では、議論を尽くすことで合意にたどり着けると考える[1]。しかし、そこでは合意を邪魔するような「空気の読めない」意見は、無意識に排除されているかもしれない。一方で「闘技民主主義」では異なる意見が対立して争うことを重んじる。誰もが現状に対して遠慮なく反対意見を述べることができて、さまざまな人々がフェアな議論を通じて自分の利益を訴えられる政治を理想と考える立場だ。

【参考】待鳥聡史『代議制民主主義』（2015年 中公新書）/山本圭『現代民主主義』（2021年 中公新書）【注】（※1）実際には熟議民主主義にも、議論を通じて異なる視点に触れて、それぞれの意見を見直すことを重んじる立場もある。

民主制への批判

■ 民主制は自由主義と民主主義から成り立っています。
批判もそれぞれの側面に対するものがあります。

●民主主義への批判

●「多数派の専制」

「多数派の専制」とは、民主制における「多数派」が、かつての「専制君主」のように横暴な権力となることを意味する。

実際に建国期のアメリカでは、大衆が自分の借金をチャラにするような無茶な立法も行われた。多数派の民意であっても、少数派の権利や自由を侵害してはいけないんだね。

●「統治能力の危機」

「統治能力（ガバナビリティ）の危機」とは、人々による政治への要求が大きすぎる状態を意味する。たとえば、社会に「ゴミ捨て場を建てる」という目的があるが、多くの人は自分の近所に建設されることは望まないだろう。この場合、民意を聞いていると、ゴミ捨て場を建設できない。このように、民意が社会全体の利益にマイナスとなることもあるんだ。

（なんらかの理由で）政治に消極的な人のことを無視していては、平等な政治参加とはいえない。

●無自覚な排除

誰もが積極的に政治参加することを評価する立場は「参加民主主義」と呼ばれる。これは、一見すると民主制の民主主義的側面を大切にする立場だ。

しかし、参加民主主義は、かえってエリート的ともいわれる。（知識の差などにより）参加に消極的だったり、または時間や体力の問題で参加が難しい人を無自覚に排除しているからだ。

P48で述べたとおり、民主制は「自由主義」と「民主主義」の緊張関係のもとにあります。

「エリートによる競争」という自由主義的な側面は権力分立には優れますが、一方で大衆の民意が取り入れられにくい弱点があります。ひるがえって民主主義的な側面は「人民主権」や「平等」の色は濃いものの、やはり多数派の横暴を許してしまう危うさをかかえているという指摘も否定しきれません。

どちらも民主制には欠かせない価値観ですが、そのちょうどいいバランスは未だささだまっていないのが実態です。

●自由主義への批判

●〝参加〟の軽視・否定

自由主義は「エリートによる競争」を前提にしている一方で、大衆の政治参加を軽く見る（軽視する）態度、あるいは否定につながることも多い。

しかし、実際には街頭デモやSNSでの意見発信をはじめ、大衆が積極的に政治に参加する手段・機会は選挙以外にもたくさんある。そうした方法があることは、政治に幅広い視点や判断材料を与えるという点で意味があるという反対意見もあるんだ。

●無視される民意

現状の議会を評価する声は世界的にも非常に低い割合だ。このことからもわかるように、多くの人々は「政治は自分たちの声を無視している」と感じている。

「エリート間の競争」という自由主義的な民主制は十分に機能しておらず、今日では「エリートVS大衆」という図式で語られるほど深刻になっている。こうした現代の政治的な対立は「分断」と呼ばれ、世界的な問題になっている。

●不完全な競争

自由主義は「エリート同士の競争」を重んじるが、競争が機能するにはつねに新しい集団が参加できる（新規参入できる）余地が開かれていなければいけない。たとえば、ビジネスでもあまりに新規参入が難しい業界では、競争が不完全なせいでお客さんにとって不利な商売が行われることはよく知られている。

同じように、今日の民主制も不完全な競争のせいで国民に不利な政治が行われていると考える人も多いんだ。

【参考】待鳥聡史『代議制民主主義』（2015年 中公新書）／山本圭『現代民主主義』（2021年 中公新書）

act.2
民主制における政党

▲アメリカ合衆国議会議事堂所蔵『合衆国憲法署名の場面』(Howard Chandler Christy作)。合衆国憲法をつくる際、アメリカは「連邦主義者」と「反連邦主義者」に二分された。

　今日の民主制は、政党を抜きにして語ることはできません。こういうと、現状の政党政治に嫌気が指している人は、嫌な顔をするでしょうか。実際、支持政党がないと感じている人には、政党の役割を実感できなくても仕方ないかもしれません。

　では、なぜ政党なんてあるのでしょうか？　現代の日本だけではなく、いろいろな時代のいろいろな国に政党は存在して、それを中心に民主政治は動いています。一体、なぜそんなことになるのでしょう？

　ここからは、この謎に迫ってみましょう。

議会を形づくる「政党」

政党は自分たちの利益を実現するための集団です。
ここでは「給食係」にたとえて説明していきます。

●利益を同じくする集団

ハンバーグ党

たとえば、給食メニューを給食係を多数決で決める小学校があったとしよう。給食係はクラスごとの選挙を通じて、各ひとりずつ選ばれる。

そこで生徒のA君が「毎日ハンバーグを食べよう」とほかの生徒を集めてハンバーグ党を結成する。校内のハンバーグ好きは党のメンバーになって仲間として選挙に出たり、積極的に党に投票・応援する。これが政党の基本イメージだ。

政党は、一部集団にとっての理想・利益をかかげて集まる。

●クリーヴィジ（亀裂）

これに対し、ベジタリアンの生徒から、豆腐をメニューにすべきだとする集団が現れた。校内はお肉好きの「ハンバーグ党」とベジタリアンの「おまめ党」で分かれる。こうした対立構造を、政治用語では「クリーヴィジ（亀裂）」と呼ぶ。

実際の政治においては、人種・言語・宗教・貧富をもとにした深刻な対立がこれにあたる。

ハンバーグ党　　　おまめ党

国や時代によってはクリーヴィジがなかったり、あっても影響が少ないケースもある。

今日の民主制の中心は議会ですが、議会政治を形づくっているのは政党です。政党とは、ある理想や価値観のもと集まった集団のことです。

当然ながら人にはそれぞれ違う価値観があります。だから、政治を通じて守りたいものも、実現したい理想も違います。

しかし、みんながバラバラに理想を語っていても、多数決で決まる民主制ではなにも実現しません。だから、価値観の近い者同士が集まることで、自分たちの利益をより実現しやすくするのです。

● 政党と民意の距離

政党が集団の利益を追い求める存在である以上、当然、政党の利益が社会の多数派の意向（民意）とズレる場合もある。たとえば、ハンバーグ党とおまめ党の話に戻すと「毎日ハンバーグも豆腐もいやだ」というのが大多数の本音だろう。

実際の政治でも、政党と民意の間に大きな距離が生まれることがある。こういうとき無党派層という「特定の政党を支持しない層」が多く生まれ、その時々によって政党の支持率に大きな差ができる。

集団内の利益を確保するためには、幅広い層のニーズにこたえるバランス感覚が必要となる。

● 党派的野心

政党は英語で「パーティ」という。全体の一部（パート）をなす集団のことだ。だから、政党はもともと「みんなの利益」を目指すものではないんだ。政党には、党にとっての利益があり、それを実現する野心（党派的野心）をもつ。

党派的野心を完全になくすことはできない。だから、党派的野心をもった複数の政党が、それぞれ競争をすることが大事になる。そうすれば政党は幅広い層の支持を集めなければならず、党派的野心のみを追い求めることができなくなるからだ。

● 政党に一体性がないことも

価値観や利益を同じくする集団なので、政党にはある程度の一体性（まとまり）がある。しかし、それでも一体性の強さは国やその制度による。

たとえば、ヨーロッパや日本では政党の所属議員は党上層部の指導にしたがわないと罰・処分を受けるが、アメリカではまったく異なる。くわしくはP67で説明するが、アメリカの政党では、所属議員が政党の方針に反して、それぞれ自分にとって有利な行動に出ることがよくあるんだ（ライバル政党の候補者を応援することもある）。

国の制度によっては、所属議員が一体性のない行動を取ることもある。

【参考】待鳥聡史『民主主義にとって政党とは何か』（2018年 ミネルヴァ書房）

政党の起源と発展

政党は時代ごとにそのイメージが異なります。
ここではその起源と変化を追っていきましょう。

オランダからきました！

国王

ジェームズ2世
（革命で追放）

伝統大事！
認める

議会中心に！
認めない

VS

トーリー

ホイッグ

後の保守党

後の自由党
（現・自由民主党）

●イギリスに見るルーツ

17世紀のイギリス国王ジェームズ2世は、当時は一般に受け入れられていないカトリック（キリスト教の宗派）信者だった。なので、それを認めるかで意見がわかれた。認める派がホイッグ、認めない派がトーリーと呼ばれた。もとは悪口だ。

ジェームズ2世が名誉革命で追放された後も、オランダからきた新国王をめぐり両者は争った。これが後の政党に発展する。

保守党（トーリー）は現在でも
イギリス二大政党のひとつに
数えられる。

各邦が勝手すぎるので
中央に権力集中だ！

中央政府

賛成！
フェデラリスツ

反対！
アンチ・フェデラリスツ

VS

一部が合流

リパブリカンズ

●アメリカに見るルーツ

1775年にアメリカが独立戦争をはじめたとき、アメリカは13の邦（元イギリス植民地）にわかれた国家連合にすぎなかった。ひとつのルール（連合規約）のもと、国（邦）ごとに政治を行っている状態。今でいうEUみたいなものだ。

そこで中央政府に大きな権力を与えて各邦をまとめる（中央集権化）必要があった。これをめぐって、対立が生まれたんだ。

合衆国憲法により中央集権化が進んだ後、
フェデラリスツの一部がアンチ・フェデラリスツに
合流。リパブリカンズと名乗った。

政党の起源は、17世紀のイギリスにまでさかのぼります。当時のイギリス議会は、トーリーとホイッグというふたつの勢力に大きく二分されていました（詳しくはこのページで説明しています）。

当時は政党といっても寄せ集め集団にすぎず、党としての一体性にも欠けていました。そのため、当初の政党の評判はあまりいいものではありませんでした。

一方で、今日では政党にもきちんと意義があることも明らかになっています。政党の意義については次のP64で詳しく説明していきます。

●時代ごとに変わった政党

政党は公共の利益を自分たちのものにしてしまう悪い人たちと思われていた。

17〜18世紀ごろ 公共の利益をかすめとる陰謀団!?

もともと政党は評判のいいものではなかった。当時の常識では、政治とは優れた人々が「公益（社会全体の利益）」を追い求めるものだと思われていた。

逆に、政党は、公益から自分たちの分け前を多くかすめとる怪しげな集団という評価だった。実際、政党政治初期のイギリスの上院議長ジョージ・サヴィルなどは、政党を「一種の陰謀団」とまで言い放っているんだ。

19世紀ごろ お金持ちの社交クラブ「名望家政党」

19世紀には議会が政治の中心となるが、この時代の政治には財産がある人だけが参加できた。当時の政治には「貴族やお金持ち（名望家）による社会貢献」というイメージがあり、政治資金も彼らの持ち出しだった。逆に「政治で儲けた」という風評は、とっても恥ずかしいことだったんだ。

だから、当時は政党もお金持ちの社交クラブみたいなものだった。これを「名望家政党」という。

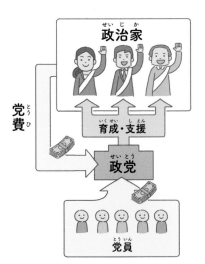

20世紀以降

20世紀以降になると、選挙権が広がることで財産をもたない人たちも多く政治参加するようになる。資金がないので、党員から幅広く少しずつお金をもらって、それを党の活動資金とするようになったんだ。こうして大きな政党には多くの活動資金が集まるようになり、自前の建物を建てたり、職員を雇ったり、落選した議員の生活を支えられるまでになった。これを「近代政党」という。

【参考】待鳥聡史『民主主義にとって政党とは何か』（2018年 ミネルヴァ書房）

民主制における政党の意義

■ 民主制には政党とその競争が必要です。
ここでは政党の存在意義を振り返りましょう。

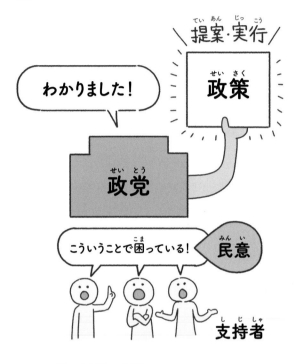

● 民意のまとめ役

政党の最も基本的な役割は、支持者の利害や関心をすくいあげて、それを政策にまとめることにある。

支持者ひとりひとりの利益は細かくは違うはずだが、そのすべてをバラバラに政策にすることは現実的ではない。ひとまず、みんなが納得できる政策としてまとめることで初めて提案・実行できる。つまり、支持者の意向のまとめ役だ。

★A党が社会の期待にこたえている

★A党が民意にこたえられなかったとき

● 権力暴走のブレーキ役

P60で説明したとおり、政党とその支持者は社会のなかでは一部集団にすぎない。なので、彼らだけの意向をふまえた政策は社会全体の利益に反することもあるし、または単に期待された効果を生まないこともある。

こんな時に複数の有力な政党があれば、投票先を変えられる。つまり政権交代が起きる。これにより特定政党の横暴にブレーキをかけられるし、政策にバランス感覚が生まれるんだ。

現代の民主制において、政党はもはや欠かせない存在となっています。「政党なんか役に立たない」という意見がまったくないわけではないですが、一方で事実として民主制を採用する国（民主主義国家）には政党が複数あって、たがいに権力をめぐって競争しています。

逆に政党がひとつしかない国（たとえば中国）、あるいは政党が複数あっても競争がなく実質的にひとつしかない国（たとえばロシア）は、一般には民主主義国家とは呼ばれません。ここで詳しく説明するとおり政党とその競争は、民主制にとって大きな意味をもつものなのです。

●政治家の育成

政治家が指導者としての知識・技量をみがくには、長い時間がかかる。しかし、議員は選挙に勝てなければ報酬が発生しないので、落選してしまうと無収入になってしまうこともある。

そういったとき、近代政党では議員を経済的に支援してその生活を支える。そうすることで、議員は政治活動に必要な知識を学び、スキルアップできる。こうして将来有望な政治家を育てるんだ。ただし、これは「近代政党」にかぎった役割で、日本ではあまり一般的ではない。

●情報の整理役

政策議論には、たくさんの知識が必要だ。しかも、いくつもの政策が同時に話し合われているので、そのすべてを有権者が完全に理解して議論に参加することは現実的ではない。一方、政党なら組織の力を使って情報を整理して、有権者に説明できる。

さらに情報整理の責任は明らかに政党にあるので、ここにも政党間の暴走をふせぐブレーキ機能が働く。政党が議論をリードする際に、自分勝手な誘導をすれば社会から背を向けられてしまうからだ。

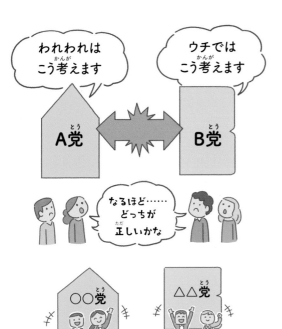

●問われる政党の意義

ここでは政党の意義をまとめたが、現在の政党がその役割をきちんと果たせているかは疑問だ。世界的にも、政党には厳しい目が向けられている。

昔は経済的な利益の分け前をめぐって争っていたのに対し、現代では対立関係が複雑になったことも影響しているともいわれる。いずれにせよ、政党は新しい時代にそった役割を見つけなくてはいけない時期をむかえているんだ

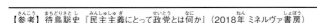

【参考】待鳥聡史『民主主義にとって政党とは何か』（2018年 ミネルヴァ書房）

政党をまとめる「凝集性」「規律」

政党にまとまりをもたらす要素はふたつあります。
それぞれの強弱により党員の行動が変わります。

●立場の近さをあらわす「凝集性」

一緒にあの理想をめざそう！

「凝集性」とは、党員がもともともっている政治的な立場の近さのことだ。「凝集性」が高い政党は、党員が基本的に同じ考え（または利害）の持ち主で占められている。なので、その意向は（よくも悪くも）自然と同じ方向にまとまる。

たとえば「共産党」のようにひとつの思想でまとめられた政党などは、凝集性が高い傾向にある。

●党の方針にしたがわせる「規律」

党の方針はコレだ！
したがってね

方針

基本的に同じ価値観や理想をもっていても、それで政党が必ずひとつになるわけではない。たとえば、災害の復興費用にお金がたくさんかかるとき、予算を増税でまかなうのか、国債（国の借金）でまかなって景気回復を優先するのかをめぐって、党内で対立することもある。

こんなとき党の中心人物は、方針を決めて党員をしたがわせる。これを「規律」という。

政治学者の待鳥聡史によると、党をまとめる要素としては「凝集性」と「規律」の2種類があります。「凝集性」は政治的な立場の近さ、「規律」は党員をしばる力のことです。政党にはどちらもあるのが普通ですが、一方が強まるともう一方は弱まる関係にあります。

「凝集性」と「規律」のどちらが強いかは、選挙をはじめとする制度によって決まる部分が大きく、どのバランスが正しいということはありません。各国の制度の背景にはそれぞれの国がかかえる事情（民族的な対立など）があり、どの国にも合う制度は存在しないからです。

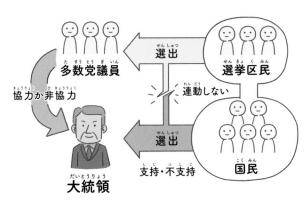

多数党議員
協力か非協力

選出

選挙区民

連動しない

選出

大統領

支持・不支持

国民

●大統領制は「凝集性」が大事

アメリカのような大統領制では、党内は凝集性によってまとまる。これは大統領が全国の国民から選出されるのに対して、多数党の議員はあくまで自分の選挙区の支持で選出されているからだ。アピールすべき有権者が各議員で違うんだ。

つまり、議員からすれば、大統領の方針が自分の選挙区の民意とズレている場合に、大統領にしたがう動機がない。だから、党内のまとまりは基本となる政治的立場の範囲でのものとなる。

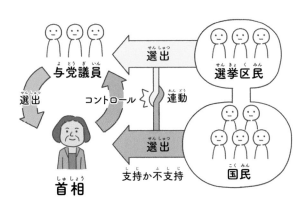

与党議員
選出

コントロール

選出

連動

選挙区民

選出

首相

支持か不支持

国民

●議院内閣制では「規律」が大事

議院内閣制の場合、首相は与党議員によって選出される。こうなると、有権者は「どの党を与党にするか」に関心をもつ。つまり、各議員の選挙に対して、首相（内閣）の支持率が大きな影響を与えるんだ。なので、議員は自身の選挙区民にアピールするだけでなく、内閣を支える必要が生まれる。

そこで、与党は首相にしたがわない党内議員をおさえるため、なんらかの制裁を与えることもある。つまり「規律」によってまとまりを強化するんだ。

大統領制
自分次第
議員
（非政権党）

議院内閣制
みんなで対抗！
議員
（野党）

●非政権党・野党でも同じ

上では政権を握っている政党について説明したが、それぞれを政権を握っていない政党（野党など）に置きかえても同じだ。大統領制では、非政権党の議員も党の方針にしたがう動機がないので「凝集性」の範囲でしかまとまった動きをしない。

また、議院内閣制の野党の場合も、やはり党の評価を高めないと政権交代できないし、各議員の選挙も不利になる。なので、やはり党で団結することが利益となり、与党と同じく規律でまとまる。

【参考】待鳥聡史『民主主義にとって政党とは何か』（2018年 ミネルヴァ書房）

選挙制度と政党の関係

■ 選挙制度は「比例性」がポイントです。
比例性は政党になにをもたらすのでしょうか?

●候補者を選ぶ「多数代表制」

票の多かった
候補者が
当選!

落選した候補への得票は
そのまま「死票」となる。

「多数代表制」は有権者が候補者に投票し、最も多くの票を集めた候補者が当選する仕組みだ。さらに、選挙区ごとの当選者の定員がひとりのものを「小選挙区制」、ふたり以上のものを「大選挙区制」(2〜7人を中選挙区制という場合もある)という。小選挙区制では2位以下の候補は当選できないため、多くの票が「死票」(選挙結果に影響を与えない票)となる。

●政党を選ぶ「比例代表制」

政党

投票

作成

公開

この人たちなら
支持できそう!

票数に応じて当選!

候補者リスト

「比例代表制」では、まず政党が候補者のリストを作成して公開する。基本的にはこのリストをもとに政党に投票するが、リストの中から特定の候補者を選んで投票できる「非拘束名簿式」と、候補者を選べない「拘束名簿式」がある(集計方法にも細かな種類がある)。

死票が少なくなる傾向にあり、政党支持率がストレートに議席数としてあらわれやすい。

比例代表制には、このほかにも「単記移譲式」という方式もある。

選挙制度は政党に大きな影響を与えます。特に「比例性（政党ごとの選挙での票数と議席数のズレの少なさ）」は、政党の勢力図だけでなく政党内部にも変化をもたらす要素です。

ここでの説明だけを見ると、「比例性が高い」ほうが理想的に感じる人も多いでしょう。民意が細や

かに選挙結果に影響しますし、有権者にも議員にも行動選択の幅が広がるというメリットがあります。しかし、実はこれは一長一短です。そのことについては次のP70で詳しく説明します。

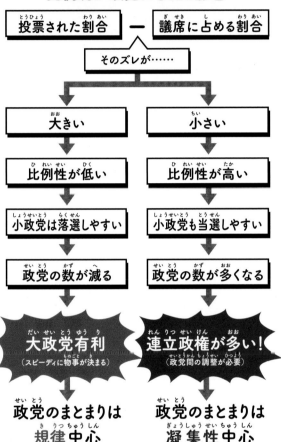

比例制が政党に与える影響

投票された割合 － 議席に占める割合

そのズレが……

大きい	小さい
比例性が低い	比例性が高い
小政党は落選しやすい	小政党も当選しやすい
政党の数が減る	政党の数が多くなる
大政党有利（スピーディに物事が決まる）	**連立政権が多い！**（政党間の調整が必要）

政党のまとまりは
規律中心

政党のまとまりは
凝集性中心

党にさからうと選挙で不利に……
したがうか…

党とは基本的に同じ考えだ
賛成だ

●比例性が低い＝大政党に有利

「比例性」とは有権者の投票が、どのくらい選挙結果（議席数）に比例しているかをあらわす言葉だ。たとえば、A党に投票された割合と、議会に占める議席の割合が近いほど「比例性が高」く（死票が少ない）、その逆が低い（死票が多い）。

比例性が低い小選挙区の場合、支持者の多い大政党の候補者ほど当選しやすい。また、小政党への投票は死票になりやすいので、有権者に小政党を避けて大政党に投票する傾向も生まれる。

●「単独過半数」と「連立」

比例性が低いと小政党は議席を得づらいため、政党数は少なくなる。だから、ふたつの大政党が中心となって競争する「2大政党制」となる。この場合、大政党に票が集中するので、与党（政権党）の議席数も多くなりやすい。ときには法案を通すのに必要な「過半数（半分より多い数）」の議席を、与党ひとつで得ることもある。つまり「単独過半数」だ。

逆に比例制が高いと小政党が多いため、複数政党が共同して政権を担当する「連立」になりやすい。

●「比例制」と政党のまとまり

比例性が低い場合、大政党ほど選挙で有利になる。つまり、大政党の議員にとって党の方針にしたがうことは、再選を有利にして議員生命を守ることにつながる。つまり、政党の規律が強まる。

一方で、比例性が高い場合、議員にとっては政党にしばられる必要は少ない。ほかの小政党へ移ることもできるし、新しい党を立ち上げる選択肢もありえる。だから、政党の規律は弱まり、政党は凝集性によってまとまった同志的な集団となる。

【参考】待鳥聡史『民主主義にとって政党とは何か』（2018年 ミネルヴァ書房）

選挙の比例性と政党システム

■ ふたつの政党システムは長所・短所が違います。
どちらか一方が必ず正しいわけではありません。

●大政党が競争する「2大政党制」

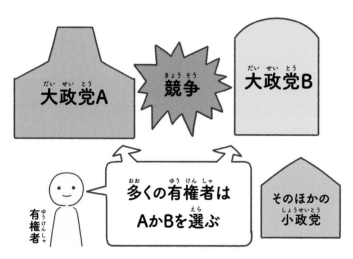

比例性が低いと、ふたつの大政党が政権を争う「2大政党制」になりやすい。

政党が少ないので、大政党の内部にはさまざまな価値観の党員が集まる（雑居的になる）。規律の弱い大統領制の場合は、これが議員ごとの党をこえた動きを生む。一方、規律が強い議院内閣制と組み合わさると、政党内部の調整次第で民意に反した政策を進めることもできる。

●小政党がたくさんある「多党制」

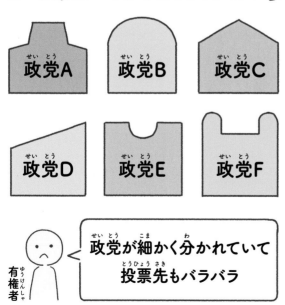

比例性が高い場合、小規模な政党がバラバラに議席をもつ「多党制」になりやすい。政党は価値観の近い同志的な集団となるため、有権者はより考えかたの近い党に投票できる。また、規律も弱いため、議員も信念にのっとった行動がとりやすい。

国内に気をつかうべき少数派がいたり、民族・文化などのクリーヴィジ（亀裂）が深刻な社会で採用されることが多い。

政党間の勢力関係や距離を「政党システム」といいます。現代の民主制における政党システムは、2大政党が政権を争う「2大政党制」か、議席が複数の小政党が並び立つ「多党制」に大まかに分けられます。ハッキリとさだまった線引きや定義があるわけではありませんが、一般に選挙制度の比例性が低いと「2大政党制」に、比例性が高いと「多党制」になる傾向があります。

どちらの政党システムにもそれぞれメリット・デメリットがあるため、どちらが望ましいシステムかは、それぞれの社会が政治になにを期待するかによって変わってきます。

政権を手にした党　政権を失った党

改革するぜー！

ガチャーン

うわー！

●ダイナミックな2大政党制

　2大政党制は、多党制とくらべて政策の決定力が高くなる傾向にある。特に議院内閣制と合わさると、基本的に与党内の調整だけで法案を通すことができる。これは緊急時に必要な法案をスピード成立させたい場合などにメリットが大きい。

　また、政権交代によって、政策をガラリと変えることができる。旧来の政権とつながって利益を独り占めしていた層（既得権益層）を解体するといった政治課題がある場合、このダイナミズムが役に立つ。

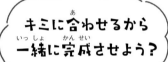

キミに合わせるから一緒に完成させよう？

……

あれがないと……

多数派はしばしば少数派に歩み寄る必要にせまられる。

●少数派も納得しやすい「多党制」

　多党制では小政党の連立政権が基本となるため、少数派の意見も政策に取り入れられやすい。少数派も納得しやすい制度だが、裏を返せば少数派の意向に多数派が振り回されることにもなる。

　特に大統領制と組み合わさった場合に、この傾向は強まる。つまり、緊急性が高い政策や、必要性は高いけれど少数派に負担を与える政策が実行できないこともあるんだ。深刻化すると多数派の不満が高まり、結果としてクーデターなどの社会的な混乱につながることもある。

比例はウチに！

野党支持者

票が減る……

分散

小選挙区では、小政党が比例票の選挙活動を目的に"勝てない選挙区"に候補を立てる。結果、野党第1党と票の食い合いが起きる。

●比例性のバランスとる試み

　政党システムがどちらかに傾きすぎないよう、比例制のバランスをとるため選挙制度をミックスする試みも見られる。たとえば、日本の「小選挙区比例代表並立制」も、この目的で採用されている。

　この制度では小選挙区制と比例代表制のもとで、それぞれ1票ずつ投票する方式が一般的だ。ただし、この制度も万能ではなく「野党第1党（非政権党の大政党）と小政党の票の食い合いにつながる」などの弱点が指摘されている。

【参考】待鳥聡史『民主主義にとって政党とは何か』（2018年 ミネルヴァ書房）/待鳥聡史『代議制民主主義』（2015年 中公新書）

71

act.3
議会と執政制度

▲『民主主義の台頭』（ジョセフ・クレイトン）の挿絵より（Samuel Begg作）。イギリス貴族院にて、法案が可決したときの様子を描いたもの。

　「議会は法案を話し合って、法律をつくる場所です」。この説明って間違ってはないけど、ちょっと違和感がありますね。たとえば日本の国会では、法律は政権をにぎる与党の内部で決めていますね。

　国会での審議はありますけど、それは半ば与党が法案について報告して、野党が意見を述べる機会を用意しているだけのように見えます。

　これをおかしいと思う人もいるかもしれませんが、議会や執政制度のありかたによってはこうなることはよくあります。詳しくは後で説明します。

議会の役割とありかた

■ 議会とはそもそもどういう機関なのでしょう？
ここでは、その役割とタイプを確認しましょう。

● 議会はなぜ必要なの？

国会のような議会は、なぜ必要なのか。議会には、国民の意思を政治に伝える役割（国民の代表）があり、さらにその意思を法律にする役割（立法）もある。

また、国民に代わって行政の仕事ぶりを評価する（行政のチェック）のも大事な役割だ。

さらに議会の審議には、国内のさまざまな意見とそのズレを明らかにする（民意を明らかにする）役割もある。

議会の役割

① 国民の代表

② 立法

③ 行政のチェック

④ 民意を明らかにする

● 議会のルール

議会における立法の流れは、大きく3つに分けられる。まず、法案を議会に提出する「提案」。次に、提出された法案について話し合う「審議」。そして、法案への賛成・反対を投票で決める「採決」だ。

議会制度は、この3つのルールについて取り決めたものだ。これらのルールの組み合わせによって、それぞれの議会の性質は大きく変わるんだね。

議会の流れ

① 提案 ── 法案を提出する

② 審議 ── 法案について話し合う

③ 採決 ── 法案を通すかどうかを決める

議会は、主権者から委任された人々（議員）が集まって、政策について話し合い、法律をさだめることを通じて国家意思を決定する機関です。民主制が一般的な今日においては、多くの場合、議員は選挙を通じて選ばれます。ちなみに、この選出制度を公選制といいます。

議会制度も民主制の一部ですから、ここまでの説明と同じように「自由主義」と「民主主義」のふたつの価値観のバランスのなかにあります。くわしくは以下で説明しますが、どちらの傾向が強いかによって、議会は大きく「アリーナ型」と「変換型」に分けることができます。

でも！さっさと課題を片づけないと！

自由主義

でも！少数派の意見を聞かないと！

民主主義

多数派

少数派

●効率か少数派の尊重か

現代政治が対応しなければいけない課題は、たくさんある。議会にはさだめられた期間があるので、効率的に多くの政策を決定していかなければならない（議会の自由主義的な側面）。

一方で、議会は少数派にも意見を語る機会をきちんと与えて、社会のさまざまな人に開かれた存在でなければいけない（議会の民主主義的な側面）。

議会はこのふたつの矛盾する価値観をあわせもっていて、そのバランスのなかで活動しているんだ。

●アリーナ型議会

アメリカの政治学者ネルソン・ポルスビーは、現代の議会を大きくふたつに分けて考えた。それが「アリーナ型」と「変換型」だ。

「アリーナ型」とは、アリーナ（闘技場）と名づけられているとおり、多数派（与党）とそれ以外（野党）が議論を闘わせること自体を重んじるタイプの議会だ。国内にあるさまざまな意見とそのズレ（争点）を明らかにし、多数派の意思と政策決定の責任のありかを確かめるのが主な役割となる。

これやだ

わかったよ……

●変換型議会

「変換型」とは、審議を通じて政党や議員同士が意見を調整し、法案に〝変換〟していくタイプの議会だ。多数派（与党）はそれ以外（野党）の意見にきちんと耳を傾け、必要に応じて法案を修正する必要にせまられる。

「アリーナ型」の議会では、法案は審議前（官僚の法案作成や政党内の調整など）に半ば決まっているのに対して、「変換型」の審議はまさに法案を共に形にしていく実作業になるんだ。

【参考】川出良枝・谷口将紀『政治学』（2012年 東京大学出版会）

提案・審議・採決のルール

■ ルールによって議会の力関係が変わります。
ルールを理解するためのポイントを確認しましょう。

● 提案・審議ルール

● 法案・予算案の提出権

「誰が」法案や予算案の提出をして、どのくらい審議するか決めるのか。多数派だけがこれらを一方的に決められるならば効率的に議会を進められるが、少数派の納得感は薄い。一方で、提案を少数派にも認めると、時間がかかる。また、少数派が明らかに成立しない法案を大量に提案する〝時間稼ぎ〟も有効な妨害手段となり、議会の停滞を招きやすい。

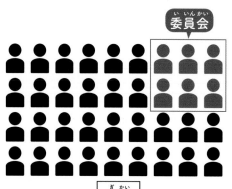

● 委員会の設置

「委員会制度」は、議員を委員会という少数のチームに振り分けて、審議を分担する仕組みだ。委員会ごとにテーマ（議題・論題）を分けて審議することで、全体で話し合うよりも短時間で多くの審議を行うことができる。また、それぞれの審議において専門知識が必須なときも、委員会制度ならばその知識をもった委員だけで話し合えるメリットもあるんだ。

● 委員会の両面性

基本的には、委員会は議会の効率性を強める自由主義的な仕組みだ。一方で、委員会の判断と、議会全体の意向との間にズレが生まれる場合もある。つまり、委員会メンバー内で少数派の存在感が大きい場合、また委員会が独自に法案の提出・修正・廃止を行えるルールがある場合には、少数派にとって有利な民主主義的傾向が強まるんだ。

議会のルールは、議会における主導権（リードする力）を「誰が」「どのくらい」握るのかを取り決めたものです。効率を重んじるルールが多ければ、議会は自由主義的な傾向をもちますし、一方で少数派に有利なルールが多ければ民主主義的な傾向をもちます。

とはいえ、議会のありかたは、選挙や行政のトップ（執政）をめぐるルールに大きな影響を受けます。そのため、議会だけを取り上げて、その国の政治制度全般を語ることはできません。ただし、その国の制度の大きな傾向を見るうえでは、議会への理解も役に立ちます。

●採決ルール

上院の強い権限ランキング	
1	独自に法案を提出できる
2	決定は下院と共同で行う
3	下院の決定を拒否できる (拒否権)
4	一院制

多数決が取れない……

ガラ〜ン…

YES だよな！

A党

A党

造反

A党

NO ポチ

●上院（参議院）の強さ

二院制を採用している場合、上院（日本でいう参議院）の権限の大きさもポイントとなる。上院に認められた権限の強さは左のランキングのとおりだ。上院に上位の権限が認められているほど、下院（日本でいう衆議院）は単独での決定が行いづらくなる。下院の少数派が上院の多数派を占めている（日本の国会では「ねじれ国会」という）状況だと、多数派の意思決定を妨害できるんだね。

●定足数（欠席による妨害）

定足数とは、議事・採決に必要とされる最少出席者数のことだ。出席者数が定足数より少ない場合、議会は議事や採決を行えない。

この採決の定足数をめぐるルールが厳しい場合には、少数派があえて欠席する妨害が有効になる場合もある。一方で、定足数をめぐるルールが甘い（定足数が低いか、高くても一定の異議がなければスルーされる）場合には、議会の効率性が強まる。

●投票のバレやすさ

採決においては、各議員の投票が記名（名前入り）かどうかもポイントになる。記名投票の場合には「誰が賛成・反対に投票したか」がわかるので、政党内では一致した投票行動が起こりやすい。造反（裏切り）を起こせば、ほかの党員にバレてしまうからだ。

一方で、投票内容がバレにくい採決方法なら、多数派の議員からも少数意見に票が流れやすくなる。

【参考】建林正彦・曽我謙吾・待鳥聡史『比較政治制度論』（2008年 有斐閣アルマ）

執政制度① 議院内閣制

■議院内閣制はどんな制度でしょう?
まずは基本から確認していきましょう。

●トップは議会に選ばれる

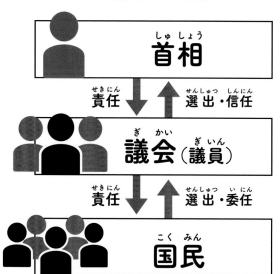

議院内閣制における行政のトップ(首相)は、議会によって選ばれる。つまり、国民が選挙を通じて議会の多数派を選び、さらに議会の多数派が首相を選ぶんだ。つまり、国民は首相を直接選べない。

一方で、国民は選挙で議会の多数派を選択することはできる。首相が国民の期待に反した場合、議会多数派を入れ替えることで間接的に信任を拒否できる。

\\バシーンッ!//

不信任

●議会による解任

議院内閣制では、首相は議会によって解任される。議会が「内閣不信任決議」を可決した場合、首相は自分から役職をやめる(辞職する)必要がある。この際、首相によって組織された内閣のメンバーもみんな辞職(総辞職)しなくてはいけない。

上に書いたとおり、首相は議会の信任によって成り立っているので、議会の多数派に対して責任を負っているんだ。

「執政制度」とは、民主制において行政のトップがどのように選ばれ、さらに議会や国民とどのような関係にあるかをさだめた制度です。

執政制度の定義は実は研究者の間でも議論の多いもので、さだまっている部分は多くありません。これは議院内閣制においても例外ではなく、わずか

に一致している部分としては、下に示したように、「トップは議会に選ばれる」と「議会による解任」というふたつの要素だけです。この定義にも例外はありますが、一般に議院内閣制を語る際にはこのふたつが前提となります。

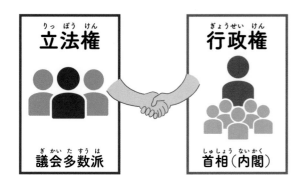

● 権力の融合

社会の教科書では司法・立法・行政の三権分立を教えられるが、実はこれは議院内閣制の説明としてはあまり適切ではない。なぜなら、議院内閣制では立法権を握っている「議会多数派」が、行政権を握る首相（内閣）を信任しているからだ。

当然ながら、議会多数派は首相を支える必要が生まれるし、首相も議会多数派の期待にこたえる必要が生まれる。つまり、立法権と行政権の融合（ひとつになること）が生まれるんだ。

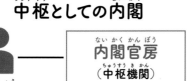

● 行政の最高機関「内閣」

議院内閣制における行政の最高機関は「内閣」だ。内閣のメンバー（閣僚）は各中央官庁（省や庁）のトップ（大臣）であるとともに、一般に現役の議員でもある。ここでも立法と行政の権力分立はされていない。

ちなみに、「内閣官房」は首相をサポートする内閣の中枢機関で、それをまとめる内閣官房長官は「首相の右腕」と表現される。

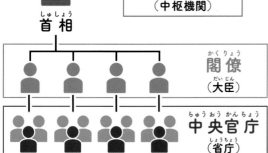

● 例外としての混合型

議院内閣制の例外として、内閣に固定の任期が与えられ、議会による解任ができない「自律内閣制」がある。この場合、議会多数派が不信任決議を用いて内閣をコントロールすることはできない。

また、もうひとつの例外として「首相公選制※1」がある。この場合、首相は国民の直接選挙で選ばれるが、その後は議会多数派の信任を必要とする。これらの制度は例外として「混合型」と呼ばれる。

【参考】建林正彦・曽我謙吾・待鳥聡史『比較政治制度論』（2008年 有斐閣アルマ）／岩崎美紀子『比較政治学』（2005年 岩崎書店）
【注】（※1）採用していたイスラエルでも失敗と評価され、現在は廃止されている。

さまざまな議院内閣制

■ 議院内閣制にもバリエーションがあります。
少しだけ掘り下げて見ていきましょう。

●議院内閣制もイロイロ！

決定力の
ウェスト
ミンスター型

みんなで作る
大陸型
ヨーロッパ

＝決めるのが早い

＝みんなが参加できる

議院内閣制とはいっても、そのタイプはイロイロだ。議院内閣制の典型例が「ウェストミンスター型」だ。伝統的なイギリス政治をモデルとしていて、内閣と議会多数派が政策を効率的に決定できる。

一方で、幅広い国民の参加・納得を大切にするタイプは「大陸ヨーロッパ型」などといわれる。国内に深刻な対立がある国に適している。

●首相のリーダーシップ

議院内閣制における首相のリーダーシップを決めるものは、「①単独政権か連立政権か」と「②政党規律の強さ」だ。政党制で解説したとおり、このふたつは選挙制度の影響を大きく受ける。

政党数が少なくて政党の規律が強い国ほど「ウェストミンスター型」に近づくし、その逆であれば「大陸ヨーロッパ型」に近づくんだね。

●イメージ図

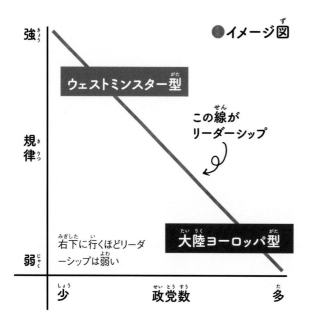

強

ウェストミンスター型

この線が
リーダーシップ

規律

右下に行くほどリーダーシップは弱い

大陸ヨーロッパ型

弱

少　　政党数　　多

議院内閣制を理解するときは、そのタイプを「ウェストミンスター型」と「大陸ヨーロッパ型」に大きく分けることができます。もちろん、すべての議院内閣制がこのふたつにハッキリと分かれているわけではなく、これらはザックリとした傾向にすぎません。

議院内閣制は「権力の融合」という性質から、かつては「大統領制よりも強いリーダーシップを生む制度」とされてきました。しかし、近年では必ずしもそうとは言い切れないことがわかっています。下で説明するように、実際の議院内閣制のありかたもイロイロだからです。

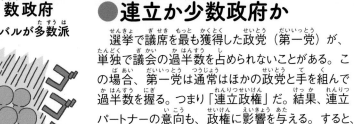

連立政党
⇒手を組んで多数派に

少数政府
⇒ライバルが多数派

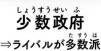
一緒にがんばろう！

● 連立か少数政府か

選挙で議席を最も獲得した政党（第一党）が、単独で議会の過半数を占められないことがある。この場合、第一党は通常ほかの政党と手を組んで過半数を握る。つまり「連立政権」だ。結果、連立パートナーの意向も、政権に影響を与える。すると、第一党の支持者の納得感が薄まることもあるんだ。

一方で、第一党が過半数を握らないまま政権を運営する「少数政府」という道もある。この場合、不信任決議が出やすくなり、政権は不安定になる。

主流派

非主流派

与党

● 政党・派閥間の競争

ウェストミンスター型の議院内閣制では、政権は自らの責任において政策決定を行っている。言いかえると、間違った政策で国民の期待を裏切れば、次の選挙で与党と野党が入れ替わる「政権交代」が起きることを前提としているんだ。

しかし、実際には野党の支持率が低すぎて、政権交代が起こらない場合もある。そのときは、与党内の派閥（グループ）が実質的な与野党の役割を果たすこともある。

CHECK!

変化するイギリスの議院内閣制

イギリスの議院内閣制は、一般に典型的な「ウェストミンスター型」と説明される。しかしながら、実際のイギリスの議院内閣制は、この説明だけで語りきれない部分も多くある。

たとえば、ウェストミンスター型は政策の決定力を大きな特徴とする。しかし、実際には反発を招きやすい政策を行うことは、与党にとってリスクが大きい決断になる。イギリスの政治学者アンソニー・キングとアイバー・クルーによれば、しばしば、イギリス政治でも与党が次の選挙結果を恐れて、長い目で見れば社会のためになるような課題に手をつけない傾向が見られたという。

また、イギリスでは近年議会の改革も進んでおり、党派をこえて政府を監視する「特別委員会」のように与党と政府の権力を制限し、少数派との調整をうながす仕組みが積極的に採用されているんだ。

【参考】建林正彦・曽我謙吾・待鳥聡史『比較政治制度論』（2008年 有斐閣アルマ）／待鳥聡史『代議制民主主義』（2015年 中公新書）／岩崎美紀子『比較政治学』（2005年 岩崎書店）／高安健将『議院内閣制―変貌する英国モデル』（2018年 中公新書）

執政制度② 大統領制

■ 大統領制はアメリカで生まれました。
どのような特徴をもった制度でしょうか?

●国民が行政のトップを選ぶ

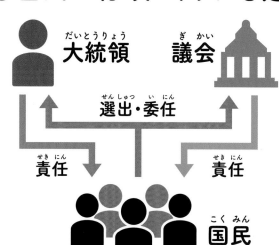

大統領制では、大統領（行政のトップ）と議員が、別々の選挙で選ばれる。大統領と議員が、それぞれ国民に対する責任を負う仕組みなんだ。

なお、アメリカでは大統領を直接選ぶのは、州ごとの国民に選ばれた「大統領選挙人」だ。しかし、選挙人は事前に投票先を表明するため、実質的には国民による直接選挙に近いものと考えられているんだ。

弾劾の流れ

・大統領が罪に問われる

↓

下院 過半数の賛成で訴える

↓

上院 出席議員の2/3の賛成で
有罪・解任!

●大統領の任期は固定

議院内閣制と違い、大統領はさだめられた任期内で活動し、基本的に議会から解任されることがない。犯罪などを理由として、議会が大統領をクビにする「弾劾」制度はあるが、きわめて慎重に行われるべきもので一般的ではない。

固定任期は、大統領が議会のコントロールを受けないために、また議会の権力を監視するために必要なものだ。

議院内閣制のときと同じく、「大統領制」の定義はふたつにまとめられます。ひとつは、行政のトップが国民の直接投票によって選ばれること。もうひとつは、あらかじめ決められた任期までは解任されないことです。

大統領制はバリエーションがとても豊かです。

大統領制の国々を見れば、アメリカのような立憲主義国家もあれば、独裁国もあるのが実情です。ですから、そのすべてをカバーできる説明はありません。そうした理由から、ここでは大統領制のルーツとなった、アメリカの大統領制を中心に説明していきます。

議会
立法権

大統領
行政権

●権力の分立

大統領制の根本的な考えは「権力の分立」だ。もともとの「大統領制」は、行政・立法・司法がそれぞれをおたがいに監視することで、権力の集中をふせぐ「三権分立」を基本にすえた。これは、建国時代のアメリカでは、大統領や議会に王様（専制君主）のようなやりたい放題を許さないためのものだ。

とはいえ、「権力の分立」はデメリットも多く、アメリカのような厳しい「三権分立」のルールは他国では一般的ではない。

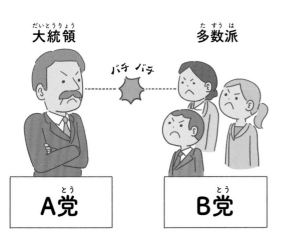

NO

行政機関
（省）

議会

●長官（閣僚）は議員ではない

議院内閣制とは違い、もともとの大統領制では長官（閣僚）は議員であってはならない。たとえば、アメリカで議員が長官になろうとすれば、議員をやめてからでないといけない（ただし、これも大統領制の母国・アメリカのルールで、各国で徹底されているものではない）。

長官は大統領によって選ばれ、大統領に対してのみ責任を負う。また、あらゆる行政機関のトップは大統領で、あくまで長官はアドバイスをする役割だ。

大統領　　　　　多数派

バチバチ

A党　　　　B党

●分割政府

「分割政府」とは大統領と議会多数派が、それぞれ異なる政党に分かれる現象だ。このとき、大統領は議会の抵抗にあいやすくなる。大統領と議会選挙が別々に行われる大統領制の悩みのタネだ。

アメリカのように政党の規律が弱い国では、多数党の議員が大統領に協調することも少なくない。議員は個別の法案ごとに独自の判断ができるので、大統領はそれを利用して一時的な議会多数派を作ることで自分の政策を実現することもできるんだ。

【参考】岩崎美紀子『比較政治学』（2005年 岩崎書店）

さまざまな大統領制

■ 同じ大統領制でもありかたは違います。
どんな差が、なぜ存在するのでしょう?

●三権分立か独裁か

行政

立法　司法

権力　大統領

国民

本来の大統領制は「権力の分立」を理想としていた。しかし、アメリカのような厳しい三権分立は他国では実現できなかった。むしろ、大統領制を採用した新興国からは、大統領に権力が集中した独裁国家が生まれてしまった。

つまり、「権力の分立」は大統領制の本来の理想であるけれど、それと同時に大統領制に一般的な特徴とはいえないんだ。

大統領の事実上の立法権

①大統領令

法律と同じ効力をもつ大統領の命令。ただし、議会で否定されたり、裁判所が憲法違反と判断すれば効力を失う。

②拒否権

議会で可決した法案そのもの（包括的）あるいは、条文の一部（部分的）を拒否できる権限。

③排他的法案提出権

さだめられた範囲内の政策について、大統領だけが独占して法案・予算案を提出できる権利。

●大統領の権力の強さ

左表は、大統領の事実上の立法権とされる。「①大統領令」は典型だろう。①〜③の権限の強さで、大統領への権力集中の色合いも強まる。

「②拒否権」は法案そのものを拒否する権限より、条文を部分的に拒否し修正させる権限が強い。「③排他的法案提出権」と同じく、どんな法案に使えるか。どのくらい議会が再可決（修正）しやすいかで強さが決まる。

大統領制の多様さを語るうえで、もっとも関心が向けられているのは「大統領の権限の強さ」でしょう。P82で大統領制の国々には、アメリカのような立憲主義国家から独裁国までとても幅広いバリエーションがあることを説明しました。同じ執政制度なのに、どうしてこのような差が生まれるのでしょうか?

この疑問について、執政制度そのものの問題を指摘する意見もあります。しかし、最近では各国の細かい制度や背景事情（国内の勢力争いの激しさなど）の違いをもとに説明するのが一般的です。

不満をもたれた大統領が政権に居座り続けることで、クーデターのようなちゃぶ台返しが許される空気が生まれる?

いい加減にして！

うわ〜！

●大統領制とクーデター

1960年代のラテンアメリカ諸国において、大統領制の政治体制が軍事クーデター（暴力的に権力奪うこと）によって倒される混乱が起きた。

この原因について、アメリカの政治学者ホアン・リンスは「大統領の硬直性」を指摘した。つまり、大統領は支持を失っても「任期内なら政権に居座ることができる」。ここに分割政府が組み合わさると「政治で物事を決められなくなる」。軍部が武力で政治を大きく変える口実になる、と指摘したんだ。

選挙が同じ日なら

A党を応援！

投票箱

投票箱

同日選挙なら、基本的には、大統領と議員は似た考え（同じ政党）の人が選ばれると考えられる。

●大統領制は制度次第?

「大統領制のもとでは、独裁やクーデターが多い」のか? 意見はさまざまだが、最近の研究では戦時中も含めたより広い範囲のデータ分析によって「必ずしもそうではない」という見方が一般的になっている。

さらには、制度によって大統領制を安定させることもできるとされる。たとえば、大統領と議会の選挙を同日に行う選挙改革だ。同時期なら投票は同じ党に流れやすく「分割政府」の発生確率は下がるからだ。この改革は実際に台湾などで行われた。

●大統領の権限が強い国[1]

アメリカの政治学者マシュー・シュガートとステファン・ハガードは「大統領の権力の強さ」で挙げた項目に点数をつけて、各国の大統領権限の憲法上の強さをランク化している。結果は1位アルゼンチン（6点）、2位がロシア（5点）、3位はチリ、コロンビア、グルジア、韓国、ペルー、台湾（4点）だった。

【参考】建林正彦・曽我謙吾・待鳥聡史『比較政治制度論』（2008年 有斐閣アルマ）【出典】（[1]Haggard and Shugart（2001年）より抜粋。

執政制度③ 半大統領制

■ 半大統領制は第三の執政制度です。
その特徴を見ていきましょう。

●権力の分有

大統領　　　　　　　首相

「半大統領制」は議院内閣制にも大統領制にも含まれない、例外ともいえる執政制度だ。最大の特徴は、大統領と首相が両方いて、それぞれが行政における実権を分けて握っている（権力の分有）ことだ。

革命を繰り返す政治的混乱の末に誕生した現代のフランス（第5共和政）がその代表例だが、東ヨーロッパなどの国々においても採用例が見られる。

大統領

指名

信任

議会

首相

●首相の指名と信任

半大統領制の首相は、大統領の指名にもとづいて選ばれる。一方で首相を信任するのは、議会の多数派だ。つまり、大統領が指名した人物でも議会に不信任決議を出されれば、首相をやめなければいけない。

議会のコントロールを受けない固定任期の大統領と、議会からの信任によって成り立つ首相というふたりのリーダーが存在する制度なんだね。

「半大統領制」は、大統領と首相が（憲法上の）実権を分担して握っている執政制度です。大統領は大統領制と同じく国民の直接選挙によって選ばれて、さだめられた任期（固定任期）内で活動します。一方で、首相は大統領の指名にもとづいて、議会多数派によって選ばれ信任されます。

ただし、半大統領制は未だにその定義がハッキリとしていない執政制度です。そのため、人によってその意味するところが異なります。ここでの説明も、あくまで一例であることは注意してください。

同じ理想に向かっていこう！

大統領　　首相　　　議会

●大統領と首相が同じ政党だと？

半大統領制においては、大統領は議会多数派が信任しない人物を首相に指名することはできない。このことは、大統領と議会多数派の政党が同じ場合であれば、大統領は同じ政党の人物を首相に指名できることを意味する。

この場合、大統領と首相は基本的に協力しながら政権を運営できる。政府のリーダーシップは、ウェストミンスター型の議院内閣制や議会多数派をおさえた大統領制に近いものとなる。

敵対政党だけど……

しぶしぶ…

信任

●コアビタシオン（共存）

大統領と議会多数派の所属政党が違う場合、大統領は自身の意向に沿った人物を首相に指名できない。そのため、議会多数派を握っているライバル政党の求める人物をしぶしぶ指名することになる。こうした状態を「コアビタシオン（共存）」という。

首相の分担範囲については議会のコントロールが強くなる一方で、大統領には自らの権限で実行できる政策も残る。大統領制の「分割政府」にくらべると、政治のとどこおりは起きにくいんだ。

大統領に実権がない場合
⇒議院内閣制

首相に実権がない場合
⇒大統領制

●大統領制・議院内閣制との区別

大統領制と議院内閣制にも「大統領と首相が両方いる」場合はある。しかし、それらは半大統領制ではないので、注意が必要だ。

まず、議院内閣制の場合は、大統領は国家元首にとどまる。立憲君主制国家の君主のように儀式などを行うだけで、実権をもたないんだ。

一方で、大統領制の場合、首相には実権がない。首相はあくまで大統領のサポートとして、国内の政治を動かすのが役目になる。

【参考】建林正彦・曽我謙吾・待鳥聡史『比較政治制度論』（2008年 有斐閣アルマ）

フランスの半大統領制

■「半大統領制」はフランスで生まれました。
この執政制度の特徴を抜き出して説明します。

●大統領は首相をクビにできない

ぐぬぬ……

議会には
支持されてるんで

ツーン

ね〜！

大統領　　　首相　　　議会

フランスの半大統領制では、大統領は首相を議会の同意なく一方的にクビにできない（罷免権がない）。これはP87で説明したコアビタシオンの場合に意味をもつ。

たとえば、首相が大統領の方針に反していたとしても、首相は議会の信任さえ得ていれば役職を続けることができる。首相は大統領からある程度の独立した政治活動が認められるんだ。

●大統領が一方的にクビにできると……

どっちにつくの!?

罷免

敵対

不信任

大統領　　　　　議会

え〜…

首相

半大統領制の国では、大統領が首相を一方的にクビにできる（罷免権がある）こともある。この場合、首相は大統領と議会の両方に責任を負うこととなる。大統領と議会が敵対した場合、大統領と議会はそれぞれの罷免権・不信任決議をチラつかせることで首相をコントロールできてしまう。首相は板ばさみになり、政権も不安定なものになるんだ。

半大統領制はほかの執政制度とくらべて、非常に複雑で細かいバリエーションの違いがあります。そのすべてを説明することはとても難しいため、ここでは典型例とされるフランスを紹介します。

ここで説明したなかでも、最も大きな差を生むポイントとされているのが「大統領が首相を一方的にクビにできるかどうか」です。このポイントを指摘した政治学者のマシュー・シュガートとジョン・キャリーによれば、この権限が大統領と首相そして議会の間に決定的な違いをもたらすといいます。

●コアビタシオンの解消

フランスの大統領にとって、コアビタシオンはとても不都合だ。協力して政権を担う首相が、自分と敵対する議会多数派によってコントロールされることを意味するからだ。

このとき、大統領は年に1回まで下院（国民議会）を解散できる。解散後の選挙で、もしも大統領の所属政党が多数派になれば、コアビタシオンは解消される。ただし、当然ながら大統領の所属政党が選挙で負けた場合は、コアビタシオンが続くこともある。

解散
大統領 → 議会 → 敵が多数派

大統領 ♥ 選挙で味方が多数派に！

●大統領と議会をつなぐ首相

フランスでは毎週、定例閣議がエリゼ宮という宮殿にて行われる。閣議とは首相をはじめとする閣僚が出席する会議のことで、大統領のリードのもとで進められることになっている。

首相は議会で議員と話し合うのはもちろん、閣議では大統領とも話し合わなければいけない。結果として、首相は大統領と議会の間を行き来して、どちらかの方針にそって政策を実現したり、あるいはそれぞれの意見を調整するような役割を担うことになるんだ。

閣議　審議
大統領　首相　議会

●閣僚は議員をやめてから

フランスでは、現役の議員は首相を含む閣僚（大臣）になれない。大統領制と同じ行政と議会の権力を分立させているのだが、フランスでは閣僚を議員以外から連れてくるわけではない。つまり、閣僚に任命された議員は、議員をやめてから閣僚入りするんだ（空席は事前に決めた補充者が埋める）。

また、閣僚の任免（任命したり、やめさせたりすること）については、首相の提案にもとづいて、大統領が行うことになっている。

内閣　NO!
議員

【参考】建林正彦・曽我謙吾・待鳥聡史『比較政治制度論』（2008年 有斐閣アルマ）

執政制度④ 参事会制

参事会制はスイス向けに特化した制度です。
そのユニークな仕組みを見ていきましょう。

●代表者は閣僚による輪番

参事会制ではまず7人の閣僚（参事会メンバー）が選出される。政府の代表者（連邦大統領）は、7人の閣僚から順番に選ばれて1年ごとの任期を務める。

中央官庁は［連邦外務省］［連邦内務省］［連邦司法・警察省］［連邦国防・市民保護・スポーツ省］［連邦財務省］［連邦経済教育研究省］［連邦環境・運輸・エネルギー・通信省］の7つに分かれていて、閣僚はそれぞれがその大臣だ。

●存在感の薄い大統領

参事会制をとるスイスの連邦大統領は、ほかの閣僚と権限に差がない。大統領は国外では「国家元首」「行政のトップ」と見なされることもあるが、国内ではそのどちらとも認められていない（なので、現時点での大統領を覚えていない国民も多い）。

大統領はあくまで横並びの参事会メンバーの代表者であって、その役割は「メンバー全員の仕事」として行うんだ。

「参事会制」は、スイスだけに見られる執政制度です。「行政のトップ」や「国家元首」のような飛び抜けたリーダーを作らず、重要な役職はローテーションや機械的な取り決めにもとづいて務めるのが特徴です。

なぜ、こんな特殊な制度を採用しているかというと、スイスはもともと小さくバラバラな邦同士の軍事同盟から生まれた国家だからです。そもそもが大国の支配から逃れる目的で結びついただけの国家なので、まとまりが弱いのです。そのため、国内のさまざまな対立を調整することを重んじる、独自の制度が編み出されました。

閣僚

第1党　第2党　第3党　第4党

2 : 2 : 2 : 1

●閣僚のイスと「魔法の法則」

政党やその支持者にとって大切なのは、いかに自分たちの議員を閣僚に入れるかだ。

スイスでは4大政党が、閣僚のイスを機械的に分け合う習わしを続けている。獲得議席数が多い3党からふたりずつ、最も議席の少ない政党からはひとりの閣僚を出せる（2：2：2：1）。

この習わしは「魔法の公式」といって、1959年に政党間で取り決められて以降、不文律（法律の条文にはないルール）になっている。

立法に参加できる！

参事会　⟷自律⟷　議会

案

●政府（参事会）の法案提出権

スイスでは、政府（参事会）と議会はそれぞれ自律的な活動を行える制度が採用されている。

議員が閣僚になることはできず、閣僚になるためには議員をやめなくてはならない。また、政府は議会を解散することはできず、逆に議会も政府に対して不信任決議を出すことはできないんだ。

ただし、政府は法案を議会に直接提出することはできる。閣僚の過半数の賛成を得た法案は「政府提案の法案」として議会に提出されるんだ。

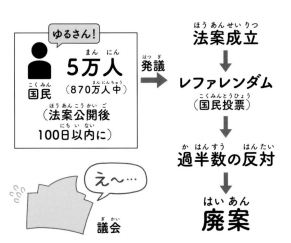

ゆるさん！

国民　5万人（870万人中）

（法案公開後100日以内に）

発議

法案成立
↓
レファレンダム（国民投票）
↓
過半数の反対
↓
廃案

え〜…

議会

●社会による拒否権

提出された法案は議会の過半数で成立となるが、スイスでは国民にも拒否権がある。一定の条件を満たせばレファレンダム（国民投票）によって、法案を廃案にすることができる。

スイス国民の間には言語・宗教・地域による根深い亀裂（クリーヴィジ）があるため、それを埋めて納得ずくの政治を行う必要がある。「魔法の公式」も「国民の拒否権」も、納得ずくの立法を実現するための制度なんだ。

【参考】岩崎美紀子『比較政治学』（2005年 岩波書店）／スイス政府公式ホームページ

第2章 民主制

act.4
民主制における政策

▲ナショナル・ギャラリー・オブ・アート所蔵

『ニューヨーク 1911』（George Bellows 作）。当時のアメリカは「進歩主義」という改革を通じて、政府の役割が拡大した時代だった。

　公共の目的を達成するための手段や方向性を政策といいます。政治というのは、この政策を決定して実行する営み全般を指します。

　日本の政策決定については「官僚主導」といわれることがあります。官僚が政策立案や決定をリードしている状態を指す言葉です。では「官僚主導」を見直そうといっても、問題はそう簡単ではありません。政治家ではない官僚が、どこまで政策の立案や決定に参加すべきかは簡単に答えが出ない問題だからです。次のページから一緒に考えていきましょう。

政策が実行されるまで

■政策が実行されるまでには手順があります。
■順を追って見ていきましょう。

●課題の設定

公約
1. ——————
2. ——————
3. ——————

マニフェスト

メディア

地球がヤバイ!!

地球がヤバイ!!

・・・　・・・

話題

!?

発見

案

これで解決!

成立!

もしくは

決定!

議会

政府

社会にはさまざまな課題が数えきれないほどある一方、政治が対応できることには限りがある。だから、どの課題に対応するかを選ぶことも政治の役割だ。

行政内部の誰かが気づいたり、利益集団やメディアが働きかけることなどで課題は発見される。一方で、それを政治家が話題として取り上げて、政党が公約（マニフェスト）として発表する。この一連の流れによって、課題は設定される。

利益団体は自らの利益を実現するために、メディアを通じて話題性を上げたりもする。

●政策の立案・決定

設定された議題への対策を、具体的な政策案にする（立案する）のが「政策立案」だ。議員が自ら立案することもあるが、一方で内閣が提出する法案については、行政機関の官僚が立案するのが一般的だ。

こうして提出された政策案は、政府の方針などであれば内閣の会議（閣議）で、法案であれば議会で話し合われて決定される。

立案は官僚に任せても、それをチェックするのは政治家の役割だ。そのために政治家は自ら専門知識を勉強したり、専門家の助言を得ることもある。

ここでは、日本の政策がどのように立案・実行されるかを説明します。政策は立案・決定されることはもちろん、実行されなくては意味がありません。また、実行された政策の効果を評価することも大切です。

　しかしながら、実際に政策を評価するのは、簡単ではありません。たとえば利用者の少ない図書館への対策として、図書館をマンガ喫茶みたいにするのは「いい政策」でしょうか？　もちろん、そういう考えもあるでしょうが、本当にそうなると困る人も多いですよね？　政策を評価するモノサシは、ひとつではないのです。

行政による命令　　職員による運用

●政策の執行

　決定された政策については、行政によって執行される。執行にあたっての細かい運用をすべて法律でさだめることは現実的に難しい。だから（内閣や大臣の責任のもとで）官僚の判断に任せられている部分も大きい。

　また、実際に法律をもとに具体的なケースに対応するのは現場の行政職員（道路交通法であれば警察官など）なので、彼らの法律の運用も大事なポイントとなる。

●政策の評価

　政策は、必ず成功するわけではない。ムダが多かったり、あるいは予想外のことが起きるなどによって、政策が思うような効果を上げないことはよくある。だから、政策をきちんと評価することで、政策の問題や効果を見きわめて、次の政策立案の参考するんだ。

参考 令和4（2022）年の予算成立

令和3年	
7月7日	概算要求の基準を政府がみとめる
9月7日	各省庁の概算要求
12月24日	予算案（政府案）を閣議決定
令和4年	
1月17日	予算案（政府案）を国会提出
2月22日	予算案が衆議院を通過
3月22日	予算案が参議院を通過

予算案について衆議院と参議院の意見がまとまらないときは、衆議院の議決が優先される。

●予算編成（例：日本）

　政策は、それを実現できるだけのお金（予算）がなくては執行できない。政策の金銭的な裏づけを与える「予算編成」は、最も大切な政策だ。

　日本では各省庁が財務省に来年度の予算を要求（概算要求）し、それをもとに政府が予算案を作成する。この予算案が議会を通過することで、予算が成立するんだ。

【参考】川出良枝・谷口将紀『政治学』（2012年 東京大学出版会）/建林正彦・曽我謙吾・待鳥聡史『比較政治制度論』（2008年 有斐閣アルマ）

官僚の役割とルール

■官僚は民主主義に欠かせないものです。
では、官僚とはどんな存在でしょう?

●行政の仕事への対応

仕事が多すぎ!

手分けしよう!

行政が担う役割は、とても多く複雑だ。行政の仕事のすべてを政治家自身が行うことはできない。だから、政治家には自分の代理人として仕事を委任できる官僚が必要となる。

官僚は省庁などの中央行政機関の公務員で、選挙とは無関係に自身の専門範囲で仕事を行う。そのため、政治家よりも豊富な知識と経験をもっていることが多いんだ。

●「お役所仕事」

「お役所仕事」という言葉があるように、官僚（公務員）は自ら判断せずに一定のルールのもとで機械的に仕事することが求められる。彼らは政治家の代理人でしかないからだ。

「お役所仕事」は平等な制度でもある。誰が相手でも、官僚がどんな考えをもっていても、ルールにもとづいているかぎり「お役所仕事」の結果はある程度同じようなものになるからだ[1]。

ルールなので

コネ　カネ

この考えはドイツの政治学者マックス・ウェーバーにもとづくものだが、現在では異論もある。

官僚のありかたをさだめたルールを「官僚制」といいます。官僚制においては「官僚のコントロール」がポイントとなります。官僚があまり好き勝手に判断をするようでは混乱や不平等を生むので、そうならないために官僚は「ルールを守ること」を基本とします。

ただし、一方で本来は手段である「ルールを守ること」それ自体が目的になってしまうと（これを「目的の転移」といいます）、それはそれで問題です。単純に融通がきかないだけならまだしも、それが政策の目的や国民の利益を損ねてしまうこともあるからです。

コントロールを決めるもの

- ① 予算・組織編成のルール
- ② 官僚と人事のルール
- ③ 行政の意思決定ルール
- ④ 法律の細かさ

●官僚のコントロール

政治による官僚へのコントロールを決めるものは、大きく4つに分けられる。予算や組織の編成について、どのくらい議会がリードするか（①）。次に政治家が官僚の人事権をどのくらい握っているか（②）。そして、新しい政策案を立てたり政策執行に際しての許認可のように、行政機関が意思決定するときにどれくらい周囲（政治家・民間）との調整を求められるか（③）。最後に、法律がどのくらい細かく、官僚の判断の余地が少ないか（④）だ。

官僚の採用制度

資格任用（メリットシステム）
＝テストで能力・専門性をはかる

自由任用（スポイルズ・システム）
＝任命権者が自由に選ぶ

●官僚の専門性

採用基準としてどの程度の学歴を求めるかは、官僚の専門性の大まかな目安になる。たとえば、高校卒業者が多いのか、大学院卒業者が多いのか。また、どの大学（大学院）のどんな学部を卒業した人間が多いか、などの情報だ。

また、国によっては採用試験ではなく、政治家が自由に任用する場合もある。こちらは支持者へのワイロとしてのコネ採用に使われることも多く、そのありかたによって官僚の専門性は大きく変わる。

フフ……
ちゃんとやってます
そっか！

官僚　　　　　政治家

こうしろ
あちゃー……

●コントロールと専門性の関係

官僚のコントロールと専門性は、しばしば綱引きのような構図を生む。基本的には政策を達成するならば、その分野における専門性が高い官僚を活用したほうがいい。しかし、官僚の専門性が高いほど、彼らのコントロールは難しくなる。普通の政治家には専門的なことは"よくわからない"からだ。

一方で、コントロールを重んじて官僚の判断の余地を狭めると、官僚はたとえ専門知識をもっていてもそれを発揮することができない。

【参考】建林正彦・曽我謙吾・待鳥聡史『比較政治制度論』（2008年 有斐閣アルマ）【出典】（※1）[阿閉吉男・脇圭平訳] マックス・ウェーバー『官僚制』（1987年 恒星社厚生閣）

官僚制の問題点

■ 官僚制はしばしば批判の対象になります。
主な問題点を見ていきましょう。

● 民主的な納得感が薄い

官僚

なんでオマエが決めるんだ！

政治家

国民

官僚は選挙を通じて選ばれたわけではない。国民から委任を受けた代表者（議員）から、さらに委任を受けた代理人だ。

しかしながら、官僚は自分の専門性を利用して政治家をコントロールし、しばしば国家全体ではなく自分たちの組織（省庁）の利益を優先した行動をとろうとすることがある。こうした状況は民主的な納得感が薄く、不満を生む原因となる。

● 無人による支配

これ誰の責任？

無人

国が開発したAIが自動運転で事故を起こしたとして、誰の責任かハッキリしない。官僚制の問題はこれに似ている。

官僚は時として自分たちの意見を押し通すために、専門的な知識を活用する。「合理的なルール」と言い張り、異議をあらゆる手段で握りつぶすのだ。

こうした官僚支配を、ドイツ出身の哲学者ハンナ・アーレントは「無人による支配」と呼んだ※1。責任を負う"暴君"すらおらず「上司の命令」「ルールを守っただけ」と言い張る小役人だけがいる最悪の統治というわけだ。

官僚は、必ずしもみんなの利益に忠実に働くわけではありません。自分たちの省庁の利益を求めて、不正を行うこともあります。ここで紹介する「レント」や「天下り」「鉄のトライアングル」などはその典型例です。

こうした官僚の不正にはなんらかの対策が必要ですが、それは簡単ではありません。官僚が判断していた部分が大きいほど、政治で決定する部分は増えます。こうして増えた政治の役割を、現状の政治家や制度でカバーできるでしょうか？ 批判の一方で、そうした現実的な検討や制度の見直しも必要となるのです。

● 規制による儲け（レント）

政府の規制によってはほかの企業がその高すぎるハードルを超えられず、市場に独占・寡占（少数企業による支配）が生じることもある。複数の企業による競争がないとサービスの質向上や料金の引き下げは起きないため社会全体としては不利益となるが、一方で独占・寡占している企業には大きな利益をもたらす。こういう規制による利益を「レント」という。官僚は次に説明する自分たちの利益のために、レントをあえて生み出すこともある。

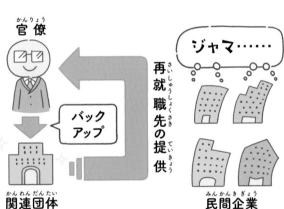

● 官僚の利益追求

官僚はレントで特定企業を有利にしたり、民間企業の強大なライバルになるような国営企業や公団を増やしたがることがある。これらは官僚が自分たちの利益を追い求めるためとされる。

日本の「天下り」がまさにその典型例で、その目的は官僚組織を追われた退職者の再就職先を確保することだ。こうした腐敗が深刻化すると、民間企業も公平な競争を期待しなくなる。結果として、みんながレントを追い求める悪い流れを生むんだ。

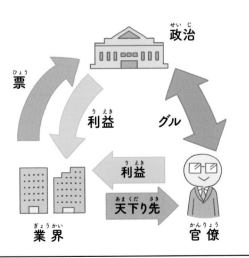

● 鉄のトライアングル

レントや天下りには、業界団体や企業から支持されている政治家が結びついていることもある。日本では業界団体からの票に支えられている「族議員」が有名だが、彼らは政党に影響力をもっている。総理大臣ですら、党のトップに立つには族議員の支持が必要になるからだ。

つまり、政治と官僚がグルになって、業界や企業に有利な補助や規制を設けるんだ。こうした構造を「鉄のトライアングル」という。

【参考】野口雅弘『官僚制批判の論理と心理』（2011年 中公新書）【出典】（※1）[山田正行訳] ハンナ・アーレント『暴力について 共和国の危機』（2000年 みすず書房）127頁

利益団体の影響

■ 利益団体は少数派による団体です。
■ しかし、彼らは政治に大きな影響を与えます。

●政治に影響を与える団体

利益団体の例

①経営者・実業家団体
（日本経済団体連合会・日本商工会議所・経済同友会など）

②労働組合
（日本労働組合総連合会・企業別組合・産業別組合など）

③業界・専門家団体
（全国農業協同組合中央会・日本医師会など）

④NPO（環境団体・平和団体・人権団体など）

「利益団体」とは、文字通り利益を同じくする団体だ。利益団体が利益を実現するために政治に直接参加する場合には政党となり、政治家や官僚に影響を与える場合には利益団体と呼ばれる。

日本における主な具体例は左のとおりだ。P99で説明した「鉄のトライアングル」に出てきた業界団体も、典型的な利益団体の例だ。

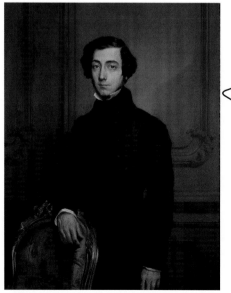

> アメリカ人は（中略）絶えず結社をつくる。 ※1

●アレクシ・ド・トクヴィル

●利益団体の意義

利益団体の意義は、少数派がひとつにまとまることで、普通ならば切り捨てられてしまう少数意見（利益）によって影響を与えることにある。

フランスの思想家アレクシ・ド・トクヴィルは、19世紀のアメリカを見て「自発的結社」（人々が自由に立ち上げる組織）が、民主主義の多数決の欠点をカバーするものと考えた。利益団体も本来はその一種だ。

トクヴィルは民主主義国では人々が安易に国家に訴えず、自分たちで結社をつくって解決することが大切だと考えた。

民主制における政策は、業界団体や労働組合などの利益団体からも影響を受けます。「ポリアーキー」（P116）のように利益団体の意義を積極的に認める考えもありますが、一方で少数派である利益団体の意向が政策を左右することには疑問の声も大きいのが事実です。

実際に、日本でも医療や農業といった大きな利益団体をもつ業界の意向が、政策に悪い影響をもたらす場合もあるといわれています。実際にこれらの業界には評判の悪い規制も多くあり、それらは首相ですら突破することが難しい規制なので「岩盤規制」などと呼ばれます。

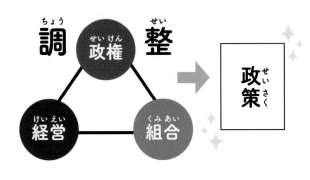

調整

政権
経営
組合
→ 政策

●ネオ・コーポラティズム

「ネオ・コーポラティズム」とは、政府と経営者団体と労働組合が協力して、それぞれの利益の調整をはかる手法だ。ここで調整された利益（たとえば労働組合が賃金引き上げをあきらめるかわりに安定雇用や物価水準を維持するなど）にもとづいて政策を決定することで、安定的な政治を行えるというメリットがある。

しかし、最近は利益団体の組織力が弱まったため、この手法は本場であるスウェーデンでも失われつつある。

●「負け組」の排除

おかしくない？

ガッ ガッ

ムシャ ムシャ

利益

利益団体の間には本来、政治的な影響力をめぐる競争がなくてはいけない。そうでなければ、一部の利益団体のみに有利な政策ばかりが行われ、彼らが特権的な組織となってしまうからだ。

しかし、アメリカの政治学者セオドア・ロウィが指摘するように、実際には利益団体にも「勝ち組」「負け組」があり、政治・官僚は「勝ち組」とグルになって特権を与え続ける。つまり、幅広い人々が政策の立案や決定から排除されてしまうんだ。

●NPOへの期待と不信

みんなのために！

NPO

カネ

利益団体のなかでも、公共の利益のために活動する団体がNPO（非営利団体）だ。NPOは行政サービスの一部を一般の人々やボランティアが担う団体で、その役割に期待する声も多い。

一方で、補助金や行政からの委託収入を不正に受け取る団体が出てくるなどの問題も明らかになっている。行政とサービスの受け手の間に入って、公金を抜き取るだけの「中抜き」になっている団体も多く、そのありかたには疑問の声も上がっている。

【出典】（※1）［岩永健吉郎・松本礼二訳］アレクシス・ド・トクヴィル『アメリカにおけるデモクラシー』（1972年 研究社叢書）105頁【参考】
［村松岐夫訳］セオドア・ロウィ『自由主義の終焉―現代政府の問題性』（1981年 木鐸社）

act.5
独裁制

▲トレチャコフ美術館所蔵『ボリシェヴィキ』（Boris Kustodiev作）。1917年に帝政ロシアで起きたロシア革命を描いた絵。革命の指導者が巨人のように描かれている。

一般には、独裁と民主制は相反するものだといわれます。しかし、独裁国が民主的な制度を部分的に採用している例は少なくありません。政党が複数あって選挙が行われていたり、野党が議席を獲得していることさえあります。また、独裁国が、自分たちを民主的な国家だと言い張ることもあります。

でも、独裁国の民主的な制度と、わたしたちの民主制は一緒でしょうか。違うとすれば、どこでしょう。ここからは独裁について理解を深めることを通じて、自由な民主制のありかたを問い直しましょう。

ナチス・ドイツの「民主主義」

「独裁」は民主主義のひとつです。
それはどういう理由でしょうか？

●議会は民主主義と無関係!?

> 議会主義（中略）は民主主義に属するものではない。 ※1

●カール・シュミット
（1888年7月11日-1985年4月7日）

ナチス・ドイツと民主主義を結びつける意見としては、同時代のドイツの法学者カール・シュミットの考えが有名だ。

彼は現代民主制に欠かせない議会が、民主主義と無関係であると考えた。

たしかに、公開の場でエリートが意見を戦わせる議会制は、競争による真理を重んじる自由主義の伝統だ。彼はこの事実を明らかにして、議会制と民主主義を切り離したのだ。

オマエは「敵」だ

「友」　「敵」

●「友」と「敵」の区別 ※2

シュミットは"政治的なもの"とは「友」と「敵」の区別だと考えた。ここでの「敵」とは、単に意見や価値観、損得の異なる人のことではない。自分と根本的に異なっていて、相手の存在そのものが自分を否定するように相容れない人たちのことだ。

そういう「敵」との対立のなかで、人間は自分が中身も運命も同じくする「友」の一員であることに気づくと考えたんだ。

P48で説明したとおり、現代の民主制は自由主義と民主主義をミックスさせた制度です。普段、わたしたちはそんなことを意識することはありません。それだけ、わたしたちは現代の民主制を「当たり前のもの」として、受け取っているのです。

なので、自由主義を否定する「独裁制」が、民主主義のひとつだという考えはなかなかショッキングかもしれません。しかし、実際にドイツの法学者カール・シュミットはそう主張しました。ここではシュミットの理論を中心に、独裁と民主主義の関係を明らかにしていきます。

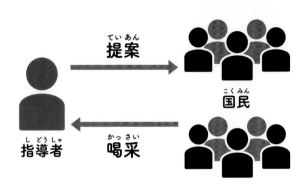

提案

国民

指導者

喝采

● 民意をたしかめる「喝采」※3

政治の決定を少数で独占する独裁は、普通に考えれば「みんなで決める」民主主義とは正反対に思えるだろう。

しかし、シュミットはそう考えなかった。独裁であっても「喝采」（拍手やかけ声などで、ほめたたえること）によって国民の意思を確認できると考えた。むしろ、彼は投票よりも賛成・反対の意思を示す叫び（拍手やため息など）のほうが、民主主義の本当の内容を明らかにできると主張したんだ。

● 同質な"われわれ"

シュミットの理論にかぎらず、全体主義国家では、国民は同質（中身がまったく同じ）な存在と考えられることが多い。仮に国民が同質なのだとすれば、その代表者は当然"われわれ（国民・友）"の利益を代弁できることになる。

ならば、独裁政党のリーダーや幹部が物事を決めるほうが、ずっと民主的だという論理も成り立つ※4。なぜなら、彼らのほうがより深く正確に"われわれ"の利益を理解しているからだ。

"われわれ"はこう考えます

われわれ

うわっ

CHECK!

ナチス・ドイツの背景事情

シュミットが「独裁」について論じた時期、ドイツ（ワイマール共和国）は混乱状況にあった。

第1次世界大戦に敗けたドイツは、戦勝国に巨額の賠償金（損害を穴埋めめするお金）を押しつけられたり、領土を取り上げられたりしていた。

当然、ドイツ国内も不安定で経済もボロボロで仕事がないので、国民の不満は高まるばかり。政党は乱立して連立政権の顔ぶれもコロコロ入れ替わる

ような状況で、議会政治は機能していなかった。政府を倒すクーデターもたびたび起きた。

つまり、当時のドイツは（一時期を除いて）いつも「非常事態」だったんだ。そのため、混乱をおさめるため、すでに憲法の規定のもと大統領による独裁も部分的に行われた。こうした時代背景を見ると、当時のドイツには「独裁」をひとつの選択肢として認める誘惑が満ちていたのかもしれない。

【出典】（※1）[稲葉素之訳] カール・シュミット『現代議会主義の精神史的地位 新装版』（2013年 みすず書房）14頁 【参考】仲正昌樹『カール・シュミット入門講義』（2013年 作品社）／山本圭『現代民主主義』（2021年 中公新書）／（※2）[田中浩・原田武雄訳] カール・シュミット『政治的なものの概念』（1970年 未来社）／（※3）[稲葉素之訳] カール・シュミット『現代議会主義の精神史的地位 新装版』（2013年 みすず書房）
【注】（※4）シュミットはそこまでは語っていない。

エリートと「全体主義」

■ 全体主義は反民主主義の理論も用いました。
その内容を見ていきましょう。

● ステレオタイプ※1

キツネ！

ニャー！

ネコ！

エリート

大衆

アメリカの理論家ウォルター・リップマンによれば、大衆は世の中の複雑な物事を、ありのまま理解する能力をもたないという。だから、大衆は誰かの用意した色眼鏡（ステレオタイプ）を通じて物事をお手軽にわかった気になり、間違った判断をする。

リップマンは、物事を自分の頭で考えられるエリートに判断を任せるべきだと訴えたんだ。

リップマン自身は全体主義の支持者ではないが、彼のような理論は反民主主義的な立場の正当化につながる危険をもったものだったんだ。

● 寡頭制の鉄則※2

ボクらの番は？

P12で用いたゲームの例でいえば、集まった一般人を無視して、プロゲーマー集団がコントローラーを独占している状況だ。

ドイツ出身の政治学者ロベルト・ミヘルスは、学生時代から社会主義に参加していた。しかし、彼が参加した「ドイツ社会民主党」は当時では最も民主的とされていたにもかかわらず、少数の幹部が党を支配する不平等な組織であったという。

彼はこの経験からどんな組織・集団も寡頭制（少数支配）は避けられないとして「寡頭制の鉄則」を結論づけたんだ。

P104ではナチス・ドイツの独裁を、民主主義と結びつけた理論について説明しました。一方で、同時代の全体主義国家や共産主義国家は、反民主主義の理論も盛んに利用していました。

反民主主義の理論とは、つまり「人民による統治」を不可能なものと断じる一方で、少数のエリートによる支配こそを「人民のための統治」とする理論です。全体主義の避けがたい不平等な側面を、その時々にもっともらしく取り繕うためには当時のエリート理論は都合がよかったのです。

イギリスの国内政治をフランス革命と結びつけて皮肉った風刺画（ジェームズ・ギルレイ『7月14日以前の党への期待』）

国家の総所得の8割は2割の高額所得者による

●ヴィルフレド・パレート(1848-1923)

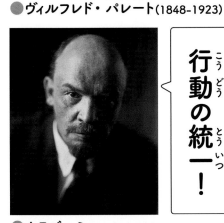

行動の統一！

●ウラジーミル・レーニン(1870-1924)

●民主主義への不信感

エリートを重んじる意見の背景には、19世紀から20世紀にかけての時代状況がある。当時はマスコミの成立や産業化により同質的な「大衆」が大量に生まれ、彼らが民主政治の主役に躍り出た時代だった。しかし、一方で「人民による人民のための政治」が本当に実現するのかは、疑わしいと思われていたんだ。

また、イギリスやフランスにおいて、大衆が革命により王様を処刑したことが失敗として記憶されていたこともある。「民主主義」への不信感は、ヨーロッパでは伝統的に根強かったんだ。

●全体主義とエリート論 [3]

イタリアの経済学者ヴィルフレド・パレートは、国家の総所得の8割は2割の高額所得者が担っているという「パレートの法則」で知られている。彼の理論（エリート論）については批判も多いものの、全体主義者（ファシスト）によって少数による支配をもっともらしくするために用いられることもあった。

こうした背景から、エリート論は（必ずしも民主制を完全に否定するものではなかったが）ファシスト体制と結びつけて語られることも多い。

●民主集中制 [4]

共産主義政党や社会主義国家におけるエリート的な行動原理としては「民主主義的中央集権性（民主集中制）」が知られている。

本来は「民主主義的な話し合いによって得られた結論にもとづいて、党員の行動を統一する」といった意味だが、分派（異なる立場）禁止のルールと合わさることで「上級（エリート）の決定にしたがって、党員の行動を統一する」という反民主主義的なエリート支配を生むこととなった。

【参考】（※1）[掛川トミコ訳] ウォルター・リップマン『世論 上・下』(1987年 岩波文庫) ／（※2）[森博・樋口晟子訳] ロベルト・ミヘルス『現代民主主義における政党の社会学』(1990年 木鐸社) ／（※3）加藤秀治郎・岩渕美恵編『政治社会学』(2013年 一藝社) ／（※4）[マルクス＝レーニン主義研究所編] ウラジミール・レーニン『レーニン全集 第10巻』(1955年 大月書店)

なぜ独裁が求められるのか？

■ "普通ではない"独裁について考えることは
"普通の"民主制を問い直すことでもあります。

●委任独裁

有権者 →委任→ 独裁者

①非常事態のみ
②法秩序を守るため

「委任独裁」とは、主権者に委任された者が行う独裁だ。古くは古代ローマの「独裁官」もここに分類される。

非常事態において法秩序（法律による国のまとまり）全体を守るために、通常の範囲を超えて命令できる権限を特定の誰かに与えるんだ。

つまり、一般に言葉からイメージされる「暴君による支配」とは必ずしも同じではないんだ。

●主権独裁

独裁者 ←縛られない← 法

①憲法制定前
②期限はハッキリしない

「主権独裁」とは、革命などにより憲法が一時的にさだまっていない状態において、リーダーが法に縛られずに行う独裁のことだ。本来は憲法がさだまるまでの一時的な独裁だが、革命が完了したかどうかは主権者の判断となるため、独裁の期限はハッキリしない。

フランス革命後のロベスピエールによる独裁などが、ここに含まれる。

権力者を縛るべき法がまださだまっていないので、法は独裁者を縛ることができない。

独裁国家に住みたいかと問われて、それをわざわざ望む人はあまりいないでしょう。

しかし、過去の歴史を振り返ると、独裁国家は決して珍しいものではありません。それどころか、現代においても独裁を続けている国家は少なくありません。では、なぜ人々はしばしば独裁に走るのでしょうか。

P104で取り上げたドイツの法学者カール・シュミットは、独裁に積極的な評価を与えたことで知られています。その理論は危ういものですが、自由主義を当たり前と考えるわたしたちの態度を問い直すものでもあります。

わたしが決める！

ズドン

ウワー！

主権者

国 → ストップ → 法

「法」がストップしても
秩序としての国は続く

●非常事態における"決断"

では、独裁を認める「非常事態」は、誰が判断するのだろう？ そもそも「なにが非常（例外）か」という問いは、カードの裏表のように「なにが通常（普通）か」をも同時に意味する。

つまり、憲法のもとの法秩序を成り立たせるためには、逆に限界的な状況で憲法を停止できる権力（主権者）が必ずなくてはならない。しかし、わたしたちは独裁を恐れるあまり、そうした究極的な決断をする主体を曖昧にしているともいえるんだ。

●「法」が先か「国」が先か

独裁は「法秩序」を守るために「法」を超えた権限を、独裁者に与える。仮に「法」が全面的に停止されるような非常事態が訪れたとして、安定したまとまりが一切ない「無秩序」に陥るわけではないとシュミットは考える。つまり「法」よりも「秩序」としての国家が先にあるというんだ。

この考えにしたがえば、「法」はそれよりも大切な「秩序」としての国を守るために、非常事態の判断とそのなかでの決定（独裁）が認められるんだ。

●独裁政治の功績

悪名高いナチスだが、一方で彼らが当時深刻な不況に陥った国内経済を公共事業によって立て直したことも忘れてはならない。ナチスの独裁体制は、議会を通じて成立した。ドイツ国民はナチスの功績に熱狂するあまり、彼らが反ユダヤ主義を掲げる恐ろしい政党だと知りながら支持してしまったんだ。

組閣直後のヒトラー内閣（1933年1月30日）※1

【参考】[田中浩・原田武雄訳] カール・シュミット『独裁』（1991年 未来社）／仲正昌樹『カール・シュミット入門講義』（作品社）【出典】（※1)ドイツ連邦公文書館所蔵（作者不明）

独裁とは違う!? 全体主義

■ 全体主義は20世紀に盛んになった政治運動です。それが成立した背景も含めて簡単に説明しましょう。

● 全体主義は「運動」

全体主義は独裁と同じ意味合いで使われることも多いが、もともとは違う言葉だ。政治思想家のハンナ・アーレントによれば、全体主義は「運動」であるという。指導者を中心にうずまきのように大衆を巻き込んでいく運動であり、イメージとしては台風に近い。通常の政治体制のようなピラミッド型の組織構造をもたず、混乱と変化を続けながら勢力を増していく運動だ。

● 世界の見方を統一する「世界観」

オレたちを支配する気か！

FLOUR

こわね…

大衆を「運動」に巻き込むためには、共通のフィクション（虚構）が用いられる。そのフィクションが世界観だ。世界観は、ナチス・ドイツの反ユダヤ主義のような「社会は○○に支配されている」というような陰謀論が典型例に挙げられる。一度その世界観にハマってしまうと、すべてがその世界観を裏づける証拠に見えてくる。フィクションの力で、人々を運動に呼び込むんだ。

たとえば「パン屋は小麦粉を通じて人類の脳を支配している」という世界観を信じた人は、パン屋とその関係者を排除する運動を支持するだろう。

全体主義国家とはもともとは「バラバラの個人をまとめて、居場所を与えてくれる国家」として、良い意味でイタリアのファシズム政権などが使った言葉です。しかし、やがて全体主義国家は「個人の自由を奪い、国家全体の利益のために生きることを強制する国家」という悪い意味合いが強調されるようになりました。

全体主義国家はその性格から独裁制を採用しますが、その実態は独特なもので独裁制そのものと言いかえられるものではありません。どういう点で全体主義は独特な意味をもつかについては、以下で詳しく説明します。

● 全体主義は大衆による運動

アーレントは政治的な意識の高い「市民」とそうでない「大衆」をハッキリ区別している。彼女によれば、大衆とは普段は政治にまったく興味がなく、政治が自分に利益を運んできてくれるのをただ待っているだけの人たちのことだ。大衆は自分たちに危機が迫ると、急に政治に意識を向け始める。しかし、彼らは自分の頭で考える習慣をもたないので、わかりやすい世界観を信じてしまう。それが全体主義運動につながるというんだ。

● ヒミツによる上下関係

全体主義が運動なのであれば、大衆に自ら行動してもらう必要がある。このときに用いられたのが「ヒミツ」だ。全体主義では指導者のいる中心に近づくほど、彼らの世界観における"真実"を知ることができる。運動に参加して信頼されれば、自分だけがみんなの知らないヒミツをより深く知ることができる。そうすることで特別な立場になれるだけでなく、仲間外れにされているような不安感から逃れることができるんだ。

● 「共通世界」をなくした人々

アーレントによれば、わたしたちは物事を判断するときに、頭のなかにいる自分以外の「誰か」を想像している。「誰か」がどう思うかを想像して、判断の基準にしている。だけど、世の中がひとつの考え方や世界観に染め上げられると、自分以外の意見に触れる機会がなくなってしまう。すると「誰か」を想像できなくなって、人々は物事の善悪も普通もわからなくなってしまう。それが全体主義の"おかしさ"に人々が気づかない原因だというんだ。

⇒ 異なる意見に触れることで"普通"の判断がつく

【参考】［大久保和郎・大島かおり訳］ハンナ・アーレント『全体主義の起源3 全体主義』（2017年 みすず書房）／仲正昌樹『今こそアーレントを読み直す』（2009年 講談社現代新書）／仲正昌樹『悪と全体主義―ハンナ・アーレントから考える』（2018年 NHK出版新書）

現代の独裁制を理解する

▌独裁政治の実情は一般的なイメージとは違います。
では、現代独裁政治はどのようなものでしょうか?

●権威主義体制

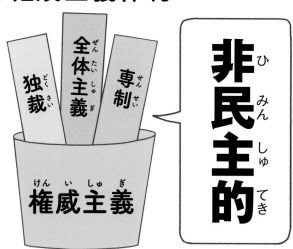

独裁　全体主義　専制

権威主義

非民主的

独裁制は「権威主義」と言いかえられることも多い。本来の「権威主義」は独裁のなかでも、全体主義よりも穏やかなものを指す言葉で、その細かい定義もある。しかし、現代では非民主的な体制をすべて「権威主義」とすることが多い。

この後の現代独裁の説明も細かい区別はせず、非民主的な体制をすべてまとめたもの、つまり権威主義を前提としている。

●独裁制の相関図

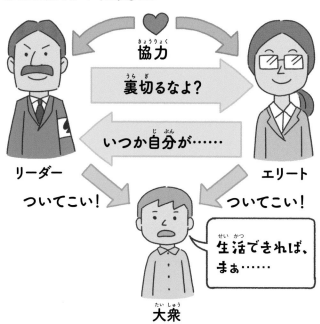

協力
裏切るなよ?
いつか自分が……

リーダー　ついてこい!
エリート　ついてこい!

生活できれば、まぁ……

大衆

独裁制はリーダーとエリート、そして大衆の三者によって動かされる。リーダーは体制の中心人物だが、政治を行うにはエリートの支持や協力が必要となる。一方で、エリートの主な動機は権力欲なので、彼らは支持者であると同時に、リーダーの座を狙うライバルでもある。また、両者から支配される大衆は、権力よりも目の前の生活を優先しており影響力は小さい。

現代の独裁制（権威主義体制）は、これまで長らく政治学の研究対象とされてきませんでした。一方で、世界的な民主化の動きについては近年やや鈍ってきており、独裁制は再び盛り上がりを見せています。

こうした状況を受けて、独裁制の研究にも関心が高まってきています。なかでもアメリカの政治学者エリカ・フランツは独裁制についての研究に力を入れており、ここではその成果からいくつかのポイントを抜き出して解説していきます。

抱き込み

見せしめ

仲間割れ

●エリート・大衆を支配する方法

独裁体制は、常にエリートや大衆からの反対によって崩壊しないようにさまざまな作戦を用いる。「抱き込み」は体制に反する人（反対派）に利益を与えて不満をおさえる方法だ。また「抱き込み」は、利益の受け取りをめぐって反対派を「仲間割れ」させる効果も生む。

一方、「見せしめ」は反対派を罰する方法だ。「見せしめ」は反対派の殺害もありえるが、逮捕のような方法をとることが多い。

選挙がある主な理由

① 反対派のリサーチ
② 反対派の抱き込み
③ 体外的な見せかけ

●独裁国の多くには選挙がある!?

2008年の時点で、独裁国家の83%[1]が定期的な選挙を行っている。選挙はもちろん形だけのものが多いが、一応は競争相手の野党がいることもある。これは一見すると体制側に不利にも見えるが、実際には反対派とその支持者の考えを調査（①）したり、反対派の不満をおさえる「抱き込み」（②）の意味をもつなど、体制側にもメリットが多い。また、単純に国外からの援助の交換条件として、形だけの選挙制度をとり入れることもある（③）。

★権力から離れたリーダーのその後

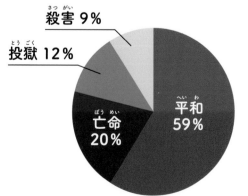

殺害 9%
投獄 12%
亡命 20%
平和 59%

●独裁者のプレッシャー

歴史上、独裁国家のリーダーの41%は、権力から離れた後に悲しい運命をたどる（国外に逃れる「亡命」が20%、牢屋に入れられる「投獄」が12%、殺されてしまう「殺害」が9%）[2]。独裁国のリーダーの多くが、武力によって地位を奪われるからだ。それゆえ独裁国家のリーダーは地位が危ういものになると、紛争を仕掛けることがある。紛争は負ければリーダーが地位を奪われる口実にもなるが、逆に勝てばリーダーの国内人気を圧倒的に高める成果になるからだ。

【出典】[上谷直克・今井宏平・中井遼 訳] エリカ・フランツ『権威主義 独裁政治の歴史と変貌』（2021年 白水社）（※1）同書27頁 （※2）同書80頁

現代独裁制の分類

■以下は独裁者の競争相手に注目した分類です。
競争相手の存在はどう独裁に影響を与えるのでしょう?

●軍事独裁 ※1

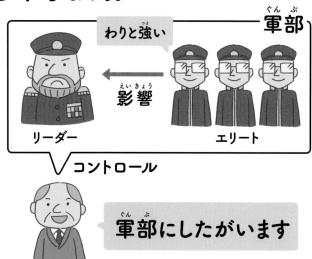

軍部

わりと強い

影響

リーダー　エリート

コントロール

軍部にしたがいます

表のリーダー

軍事独裁は、軍部が権力を握った独裁政治だ。軍事独裁では実質的な軍人がリーダーで、それを支えるエリートの大部分は軍人だ。ときには表のリーダーとして非軍人を行政のトップにすることもあるが、彼らは実際の権力をもたないことがほとんどだ。

軍事独裁におけるエリートたちは直接武力を使えるので、リーダーは他の体制に比べて権力を奪われやすい。そのため、リーダーはエリートに気を使った決定を行う傾向にある。

●支配政党独裁 ※2

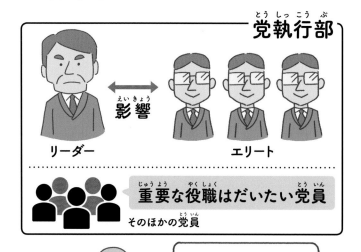

党執行部

影響

リーダー　エリート

重要な役職はだいたい党員

そのほかの党員

ただの飾りです!

ほかの政党

支配政党独裁は、ひとつの政党（支配政党）がリーダーの選出や政策の決定権を握っている状態だ。この場合、政権のリーダーは党のリーダー、エリートの多くは党執行部（党の偉い人）で、お互いに影響し合う。また、政府の重要な役職はほとんど党員に任せられる。

ちなみに、野党がいることもあるが、仮に野党が選挙に勝っても実際の権力は与えられない。

独裁の分類についてはさまざまな方法があります
が、ここではP112でも触れたリーダー、エリートそし
て大衆の三者（とりわけリーダーとエリート）の関係
性に注目した分類方法を説明しています。
　それぞれ異なる特徴をもつ独裁制ですが、最も
一般的にイメージされるのは「個人独裁」でしょう。

しかし、実際には下にまとめたとおり、独裁政治でも
リーダーとエリートの間で実質的な競争が起きている
ものもあります。独裁国家のバリエーションを区別し
てとらえることは、その国家の政治やその行方を理
解するのに大切です。

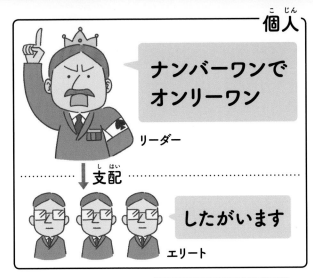

個人

ナンバーワンで
オンリーワン

リーダー

支配

したがいます

エリート

声が
届かない……

大衆

●個人独裁[3]

　個人独裁は、権力がリーダー個人に握ら
れている独裁だ。エリートはリーダーのイエス
マンか、あるいは家族となる。エリート集団が
軍部や政党でも、リーダーの決定にほとんど
影響しなければここに分類される。
　リーダーはルールをも超えた強力な個人で、
政策や権力構造は独裁者次第で変わる。
一方、大衆の声を聞き届ける動機に薄く、
ほかの体制と比べて大衆の不満による影響
を受けづらい。

長く続かない

軍事

不満が出にくい

支配政党

暴走しやすい

個人

●タイプごとの独裁の特徴[4]

　軍事独裁ではリーダーの在任期間は平均4
年で、ほかの独裁と比べて短く（ほかは平均
9年）体制も最も崩壊しやすい。
　支配政党独裁は多くの人を政党に取り込む
ため、最も不満が出にくく体制が続きやすい。
　個人独裁は、エリートに反対者がいないな
ので暴走しやすく、戦争も起こしやすい。国内
政策が不安定になりやすいという特徴もある。

（注）この分類方法には本来は君主独裁（支配的な一族によ
る独裁）もあるが、事例に乏しい。エリカ・フランツもそれを理
由にこの形式の独裁については説明を省いており、ここではそ
れにならっている。

【出典】［上谷直克・今井宏平・中井遼 訳］エリカ・フランツ『権威主義 独裁政治の歴史と変貌』（2021年 白水社）（※1）同書95-97頁 （※2）同書97-99頁 （※3）同書99-100頁 （※4）同書102-105頁

独裁後の民主主義

■ 現代の民主政治は「多元性」が重んじられます。
多元性は独立したものがふたつ以上ある状態です。

●民主制は選挙である!?

競争による権力闘争!

●ヨーゼフ・シュンペーター
（1883-1950）

経済学者のヨーゼフ・シュンペーターによると、政治の素人である人民（大衆）には政治的判断ができない。なので、政治はエリートの政治家に委ねる必要があり、人民は委ねるエリートを選ぶ役割を担うべきだと考えた。
エリートはより多くの投票を求めて競争し、人民は選挙によって政治を委ねる相手を選ぶ。この一連の手続き（選挙）こそが、民主政治だと考えたんだ。

●ポリアーキー（多元主義）

競争 ↑		
競争的寡頭体制（19世紀イギリス）	ポリアーキー（現代の民主政治）	
閉鎖的抑圧体制（古代の専制）	包括的抑圧体制（全体主義）	参加 →

アメリカの政治学者ロバート・ダールは、シュンペーターの影響を受けながらも、独自の民主政治論を唱えた。ダールによれば、多数派は実際には存在せず、多数派もさまざまな少数派が合わさった結果でしかないという。つまり、利益集団や企業などの少数の集団が競争してお互いの力をおさえ、最終的に政治の意思決定を行うことが「民主政治」だと考えたんだ。

第2次世界大戦におけるナチス・ドイツのような全体主義の経験は、自由主義国家に大きな課題を残しました。それはつまり「人民の人民による人民のための政治」という民主制のスローガンでいえば、「人民による」と「人民のため」の政治が、必ずしもイコールではないということです。全体主義は「人民による」政治ではあっても「人民のための」政治ではありませんでした。

そこで民主政治の意味を再びとらえなおす動きが生まれます。それが下で紹介する民主政治論です。

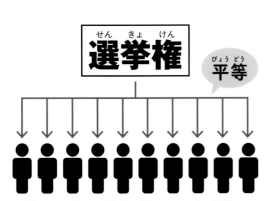

成人であれば誰でも選挙権が認められる「普通選挙」は、民主政治の基本だ。

①選挙による政治家の選出
②自由でフェアでこまめな選挙
③表現の自由
④情報源の多様さ
⑤政党や結社の自治・自立
⑥全市民による例外のない参加

●政治的競争（公的異議申し立て）

ダールが重んじる概念のひとつが、政治的競争（公的異議申し立て）だ。P116下の表では縦軸に位置している基準で、平たくいえば自由度のことだ。

集会（デモ・市民集会など）・結社（利益団体など）・言論（報道・意見表明・政府批判）の自由がどの程度認められているのか、政府と立場の異なる政治勢力が政権をめぐって競争している（できる）のかが問われる。参加はできても自由がなければ、全体主義国の息苦しい"民主主義"になってしまうんだ。

●"参加"（包括性）

"参加"は「包括性」とも呼ばれ、一般にはどのくらいの国民が政治に参加できるのかが問われる。典型的なのが選挙権で、この場合"どれほど広く選挙に参加できるか"がポイントとなる。

限定的な"参加"しかない民主政治は、異なる政治集団の競争があっても、やはり民主政治とはいいがたい。たとえば、19世紀のイギリス政治などは2大政党による競争はあっても、普通選挙がなく"参加"は低い水準でしか実現していなかった。

●ポリアーキーの条件

ダールは、ポリアーキーの条件を6つ挙げている。フェアで自由でこまめな選挙によって選ばれた代表者（①、②）が政策を決定すること。自由に意見表明できる（③）ことはもちろん、ほかの市民や専門家、メディアなどのさまざまな情報源に触れられること（④）。また、自分たちの利益のために、独立した利益団体や政党を作れること（⑤）。最後に、①から⑤までが、基本的にその国に永住して法に服している人すべてに保証されていることだ（⑥）。

【参考】[中山伊知郎・東畑精一訳] ヨーゼフ・シュンペーター『新装版 資本主義・社会主義・民主主義』（1995年 東洋経済新報社）/ [中村孝文訳] ロバート・ダール『デモクラシーとは何か』（2001年 岩波書店）/川出良枝・谷口将紀『政治学』（2012年 東京大学出版）

「貴族院」の本来の役割とは?

日本の参議院は「貴族院」が元ですが、現在はその役割が曖昧です。
イギリスの貴族院(上院)を参考に、その意味を再確認しましょう。

●良識ある人々によるチェック機関

イギリスの上院は「貴族院」とも呼ばれ、もともとは世襲貴族だけが登院を許される立法機関だった。現在は時代に合わせて貴族院のメンバーは、主に終身貴族(本人かぎりの身分としての貴族)で構成されている。いずれにせよ貴族院の貴族に求められるのは、下院を占める一般国民の代表者の誤りを正すことだ。

そのため現代の貴族院の議員は、深い専門知識と優れた良識をもつ専門家(たとえば、学者やジャーナリスト、元官僚、弁護士など)が中心となっている。

本来は……
深い知識や良識のある人たち

たとえば……
学者、元官僚、ジャーナリスト、弁護士など

●国王の任命による終身任期

イギリスの貴族院の議員は、終身任期のため選挙がないのが特徴だ。なぜ終身任期なのかというと、政党や利益団体はもちろん民意の影響を受けず、議員が独立した判断を行うことを期待しているからだ。

貴族院の議員となる終身貴族の候補者は、独立した機関である貴族院任命委員会によって中立的かつ厳格に審査される。審査を通過した候補者のリストをもとに、首相は国王にアドバイスを行い国王により叙勲(この場合、爵位を授けること)されて、貴族院の議員になるんだ。

終身貴族の叙勲の流れ

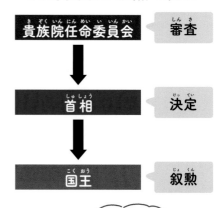

貴族院任命委員会 ── 審査

↓

首相 ── 決定

↓

国王 ── 叙勲

●「ピンポン」による修正

イギリスの貴族院の議員は、庶民院(下院。日本でいう衆議院)から送られた法案を審議して修正案をつけて送り返す。この修正案は多いときには100ヶ所近くにのぼることもある。庶民院はこれをもとに法案を修正するが、すべての修正に応じるわけではない。結果、お互いの妥協点が見つかるまで、法案は両院の間を行ったり来たりする。これは通称「ピンポン(卓球)」と呼ばれる。つまり、貴族院は単なる抵抗勢力ではなく、法案を修正するためのチェック機関なんだ。

ハイ、修正!
これでどうだ!
貴族院
庶民院

【参考】梅川正美・阪野智一・力久昌幸『現代イギリス政治 第2版』(2014 成文堂)

第3章
単一国家と連邦

わかってるな？

幹部

連邦議員　州議員

第3章 単一国家と連邦

act.1
単一国家と連邦は
どう違う？

▲ニューヨーク州軍事博物館所蔵『第7連
隊の出発』（Thomas Nast作）。南北戦
争中にブロードウェイの前で行われたパレード
に参加するニューヨーク民兵第7連隊。

　アメリカの映画やドラマを見ていると「FBI」という言葉が出てくることがあります。FBIの正式名称は「Federal Bureau of Investigation（連邦捜査局）」といいます。このことからもわかるとおりアメリカは連邦国家なんですね。

　では、連邦とはなんでしょう？　「邦が連なる」と書くから、たくさんの国が寄せ集まった状態？　でも、似たような状態に「欧州連合（EU）」のような連合もあります。連邦と連合の違いは……？　次のページから細かく確認していきましょう。

中央政府が地方に優越している「単一国家」

■ 単一国家は古くからある国家のありかたです。
中央の権限が地方に優越している点が特徴です。

●立法権が中央議会に集中

法律 ◁ **優先**

↑ 実質的に格上

条例 ◁ **法律に反しない！
または、空白部分**

単一国家は、立法権が中央議会（国会）に集中している国家だ。立法権が集中しているといっても、地方政府（地方自治体）にも条例のような自治立法は行える。ただし、条例は中央議会でさだめられた法律の範囲内で、法律に反しない（もしくは法律の空白となっている）部分においてのみ認められる。実質的に法律は条例の格上という上下関係があるんだ。

●国と地方自治体の関係

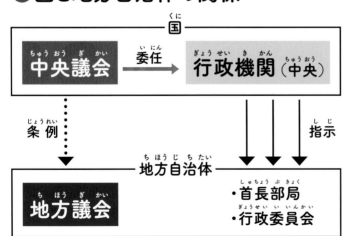

立法権は国会に集中していても、法律は大まかなルールを設定しているだけで、細かい部分は行政に委ねられることもある。つまり、行政立法（政令や省令など）だ。

このとき中央の行政機関が細かく行政立法を行うほど、地方自治体が自治立法できる範囲は狭くなる。自治立法の範囲がほぼない場合、地方自治体は中央の代理人となってしまう。

単一国家は、古典的な国家のありかたです。主権が中央政府に集中している国家のことで、具体的には立法権が中央政府に集中している国家です。連邦制が生まれるまでは主権国家といえば単一国家のことで、当時は中央政府が地方を支配するのが当たり前でした。

詳しくは後で述べますが、単一国家であってもイギリスのように地域に広い範囲の自治権を認めているケースはあります。また、このページでも説明しているとおり地方自治体による分権も部分的には存在しますが、その権限は連邦制よりも限定的なものです。

 全国どこでも同じように！

地方 細かいニーズに対応したい

中央議会 法律はザックリ

委任

 細かくは条例で！

●国と地方のスタンスは違う！

単一国家においても「ときには分権が必要だ」といわれる理由は、国と地方では意思決定の際に重んじられることが違うからだ。

国が意思決定するときは、全国どこでも同じ対応ができること（画一性）が求められる。しかし、地方では自治体ごとのニーズに柔軟に対応できるほうが便利だ。つまり、国と地方は、立法時のスタンスが真逆なんだ。地方ごとに細かく事情が違う場合は、分権的な立法が求められることもあるんだね。

●条例委任

「条例委任」は、単一国家で最大限の分権を行う方法だ。

地方にかかわる分野については、中央が一方的に決めてもうまくいかないことがある。だから、法律はあえてザックリとしたものにしておいて、細かい取り決めについては各地方議会に任せるんだ。こうすることで、地方議会は各地方の細かいニーズに合わせたルールを条例として決定することができる。これにより、実質的な地方分権を実現するんだ。

バージニア案（単一国家派）

強い中央政府を！

対立 → 連邦制へ……

ニュージャージー案（連合派）

州の自治を優先しろ！

●単一国家への不満とアメリカ

建国期のアメリカでは、連邦政府に権力を集中させる単一国家の樹立を求める「バージニア案」と、州の自治権を優先させた連合体（P124で説明）を理想とする「ニュージャージー案」に分かれた。当時はまだ単一国家か国家連合しか選択肢がなかったからだ。単一国家と連合の間の妥協点を探る動きが、連邦制という新しい制度を生んだんだね。

【参考】岩崎美紀子『比較政治学』（2005年 岩波書店）

共通の目的のために手を組む「連合」

■ 連合と連邦制の基本的な考えは同じです。
しかし、その結びつきの強さは異なります。

●共通機関と地域政体

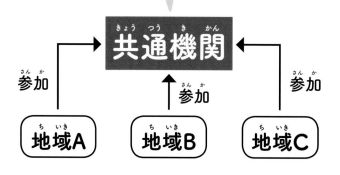

「連合」は主権・自治権をもった地域政体（国・邦）が、共通の目的のために条約でまとまった状態を指す。目的実現のために設けられた組織が「共通機関」だ。アメリカがイギリスから独立したときに、北米13植民地の代表が集まった「大陸会議」は共通機関の代表例だ。

地域政体は代表者を共通機関に参加させることで、連合の意思決定に関わることができる。

●共通機関の決定

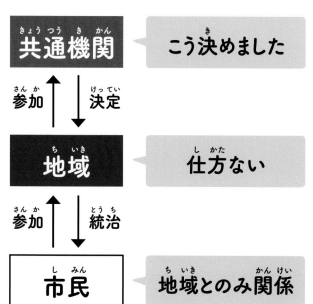

共通機関の会議では、連合全体の意思決定について話し合われる。しかし、その決定は地域政体を通じて執行され、共通機関は執行する権限も能力ももっていないんだ。

なぜなら、地域政体の市民による直接的な政治参加は、あくまで地域政体のレベルまでにとどまるからだ。共通機構に直接代表者を送っていないので、その統治も直接は受けない。

「連邦主義」は、構成メンバーである地域政体の自治を認めると同時に、地域政体がひとつの国家としてまとまっている状態を理想とする立場です。連邦制がその理想の実現だとすれば、連合はその理想を部分的に実現した状態です。

具体的には、連邦制では各邦がまとまってひとつの国家を形作っているのに対して、連合ではメンバーとなる国家や地域政体の主権・自治権はそれぞれ独立しています。身近な例ではEU、古い例だと建国期（独立時）のアメリカなどが挙げられます。

● 地域政体は自律している

共通機関と自律した地域政体の関係は、基本的には主権国家と国際条約の関係と同じだ。

国家に対して条約を無理やり結ばせることができないように、地域政体が条約に批准（ハッキリとした同意の手続き）しないかぎり連合全体（共通機関）の決定を地域政体に強制できない。また、条約があっても共通機関に地域政体を罰する能力がなければ、条約違反のリスクは極めて低い。この場合、共通機関の決定には実質的な効力はないに等しい。

共通機関 ← 決めたんだから！

↓ ×強制できない ↑ ×批准しない

地域 ← いやです

● 欧州連合（EU）

欧州連合（EU）は、主権国家が条約のもとに集まった「連合」だ。EUのメンバーは条約にもとづいて、立法権の一部を共通機関（欧州議会など）に譲り渡している。

条約の範囲内で取り決められたEU全体の法律「EU法」は、メンバー（各国）の憲法・法律に優越することになっている。つまり、メンバーの憲法や法律の条文がEU法に反していた場合、EU法が優先されるのでその条文は認められない[1]んだ。

EU法 ← 条約の範囲内

↓ しばる

憲法

↓ しばる

法 ← EU法に反すると認められない

ロンドンに掲げられたイギリス連邦加盟国の旗（撮影：Simon Berry）

●「イギリス連邦」は連合

連合と連邦という言葉は細かい意味合いは違うものの、実際にはハッキリと区別されているわけではない。実際に「連邦」と呼ばれながらも、実際は「連合」であることは珍しくない。たとえば、イギリス連邦（コモンウェルス）は、国際的な理解と世界平和促進を目的とするゆるやかな連合だ。

【参考】岩崎美紀子『比較政治学』（2005年 岩波書店）/【注】（※1）加盟国のなかには反対意見もある。

連合がひとつの国家になる「連邦」

■ 連邦制はアメリカで生まれました。
その制度はどのようなものでしょう?

●中央政府が執行できる

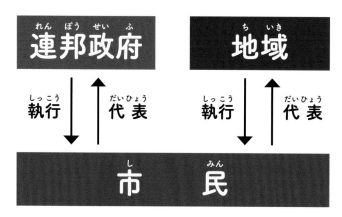

連邦制では、共通機関である連邦政府の決定が直接市民に対して効力をもつ。つまり、市民に直接執行することが（少なくとも権限としては）できる。

そのため、連邦制の市民は地域政体（州政府）だけでなく、連邦政府にも代表を送り、それぞれに直接統治される。また、連邦政府と州政府は異なる分野をカバーしているだけで、対等な関係にあるんだ。

●国民代表と地域代表

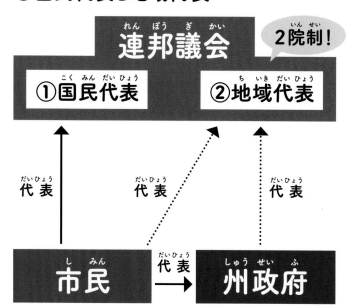

連邦制では、州は連邦に対して主権の一部を譲り渡す。そのため、州には連邦の意思決定にかかわる権利が認められる。

具体的には、連邦制の市民は連邦議会に、（国民の代表者とは別に）自分の州の代表者を送り込むことができる。連邦議会が二院制なのは、このためだ。

ちなみに、代表者については州政府が代わりに選出することも、州民が直接選出することもある。

連邦制は、連邦政府と地域政体が、対等に主権を分け合う政治体制です。アメリカの建国期には、中央政府に権力を集中させたい「フェデラリスト（連邦派）」と、各邦（独立した元植民地）の主権を第一とする「アンチフェデラリスト（連合派）」の対立がありました。

志向の異なる両者は、議論の末にお互いに妥協できる制度「連邦制」を生み出します。それは、中央政府が地方よりも強い単一国家とも、逆に各邦が共通機関より強い連合とも異なる、ちょうどのその中間にあるような全く新しい制度でした。

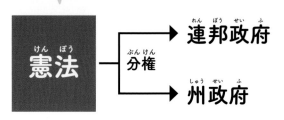

権限の分割について明記

憲法 ─分権─→ 連邦政府
　　　　　　→ 州政府

●連邦憲法

連邦政府と州政府は、立法権を分割している。連邦政府は国家レベル、州政府は地域レベルというそれぞれ異なるレベルの決定について、最終的な決定を行う権限をもつ。だからこそ、連邦政府と州政府は対等なんだね。

この権限の分割は、連邦憲法によって取り決められている。連邦政府あるいは州政府の都合によって、一方的に破ることができない取り決めになっているんだ。

連邦　　　　　地域
連邦政府の権限　　州政府の権限
残余権
規定がない！

⇒どちらの権限とするかは国による

●残余権

連邦政府と州政府の権限は憲法でさだめられている。しかし、連邦政府（あるいは連邦政府と州政府それぞれ）の権限をハッキリとさだめていても、実際には憲法に書ききれない（規定されていない）権限もある。これを「残余権」という。

残余権は連邦政府か州政府の権限とされるが、どちらの権限とするかは国によって異なる。アメリカでは残余権は州の権限で、アメリカの連邦制研究者はそれを連邦制の要件にすることも多い。

南北戦争では……

させない！　　　抜けます！

北部 ─攻撃→ 南部
連邦派　　　　連合派

●アメリカ連邦化への反対

連邦化は邦（州）の主権の一部を、連邦に譲り渡すことで実現する。それゆえ建国期のアメリカでも連邦化への反対意見は大きかった。連邦か連合かをめぐる対立は、「南北戦争」においては、南部の州による連邦離脱という形でも現れている。それくらい主権の譲渡は、根深い問題なんだね。

【参考】岩崎美紀子『比較政治学』（2005年 岩波書店）

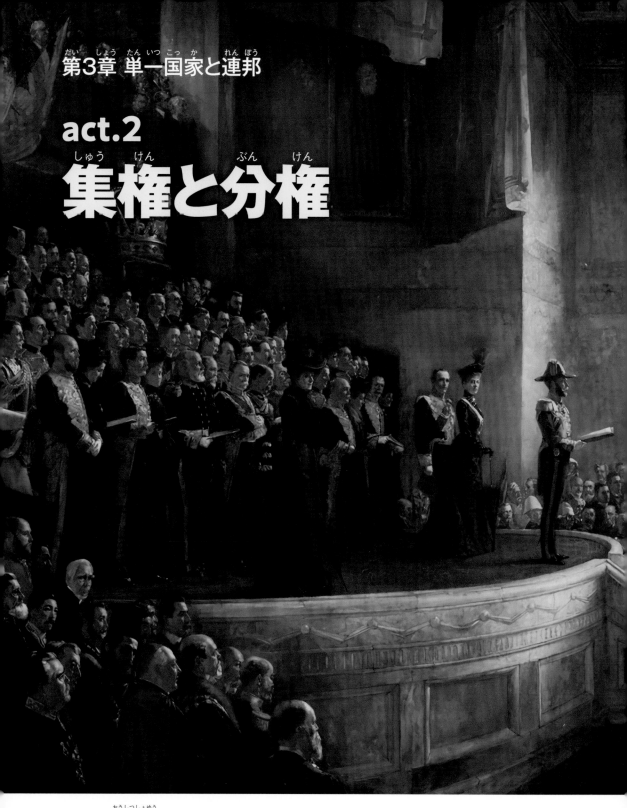

act.2

集権と分権

▲イギリス王室所有『The Big Picture』
（Tom Roberts作）。1901年にオーストラリ
アの連邦議会の開会を、ヨーク公（後のイ
ギリス国王ジョージ5世）が宣言する様子。

（中央）集権は、中央政府（内閣や中央省庁）に政治権力が集中していること。逆に（地方）分権は、地方に権力が分散していることを意味します。

政治は、国のみならず地域にも存在します。地域間は事情が異なるので、政治に期待されるものも違います。たとえば「高齢者の自動車免許返納」についても、電車やバスがある都心部と移動手段が専らマイカーの農村部では対応を変えねばなりません。そのため多くの国で一定の分権が行われています。次のページから詳しく見ていきましょう。

集権と分権の多様さ

■ 集権と分権のバリエーションは豊かです。
さらに両者が同時に存在する場合もあります。

● 中央政府が執行できる

┌─── **連邦政府** ───┐
⇒国家レベルの決定

↕ **分権**

┌─── **州政府** ───┐
⇒地域レベルの決定

> **州同士の権限は同じ！**

連邦では、連邦政府と州政府のふたつのレベルの政府が対等に権限を分け合っている。このとき州政府間の権限は等しく、どこかの州政府だけ権限が大きい（逆に小さい）ことはない。

とはいえ、州ごとの権限の範囲内であれば、州は自由な立法を行える。たとえば学校教育は州の権限なので、細かい教育内容など州ごとの独自色を出せる分野もあるんだ。

● 制定法による分権

分け方は
ワタシにおまかせ！

中央

スコットランド　ウェールズ　北アイルランド

単一国家の場合、分権は中央議会がさだめた法律によって裏づけられる。たとえば、イギリスでは中央議会の法律にしたがって、スコットランド、ウェールズ、北アイルランドに自治権を認めている。ただし、中央議会が法律を改正すれば簡単に自治権の範囲を変更・廃止することができるんだ。また、地方ごとに認めている権限の大きさを少しずつ変えることもできる。

一般に、単一国家は中央集権、連邦は分権とイメージされます。実際に制度から考えれば、たしかに直感的にそういう印象をもったとしてもおかしくありません。

しかし、実際にはそれほど単純に集権と分権は区別できるものではありません。

比較政治学者の岩崎美紀子は、現実の国家を集権あるいは分権のどちらかに分けて理解することを否定的に論じています。なぜかといえば、集権にも分権にもさまざまなバリエーションが存在するからです。ここでは、そのバリエーションをザッと確認していきましょう。

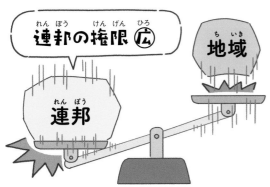

●実質的な中央集権

集権か分権かは、単一国家か連邦かと必ずしも同じではない。連邦制であっても連邦政府の権限がきわめて広く設定されていて、逆に州政府の権限がほとんど残っていない場合を想定してみよう。それは、実質的な中央集権といえないだろうか。州が果たせる役割が、残っていないからだ。

屁理屈のように聞こえるかもしれないが、現実にこうした連邦制は存在していて、メキシコの連邦制などはまさにこのパターンに当てはまる。

●政党による集権

また、連邦議会と州議会の多数党が同じ政党で占められていて、その政党の規律が強い場合はどうだろう？ その場合、連邦政府の決定も、州政府の決定も、基本的には党の幹部が決定することになる。これは、実質的な中央集権と同じだ。

一党独裁の連邦国家でも同じことがいえる。たとえば1991年に崩壊したソビエト連邦では、基本的に（事実上の）中央集権的な政治が行われていたと考えられている。

●地域の国政参加

フランスは単一国家で、一般的には中央集権国家といわれる。しかし、一方でフランスでは市町村のトップや議員が、国会議員を兼ねているという事実も忘れてはならない。

たしかにフランスでは立法権が国会に集中しているが、同時に地方の代表者が国会議員の大部分を占めているんだ。つまり、国政の段階ですでに地方の意見が取り入れられているので、制度の表面だけを見て「集権的」と評価するのは正しくないんだ。

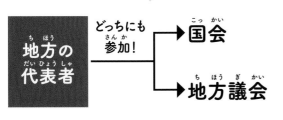

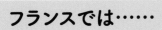フランスでは……

【参考】岩崎美紀子『比較政治学』（2005年 岩波書店）

4つの分権モデル

■ 以下は分権の4つのモデルです。
それぞれの構造を確認しましょう。

①連合型

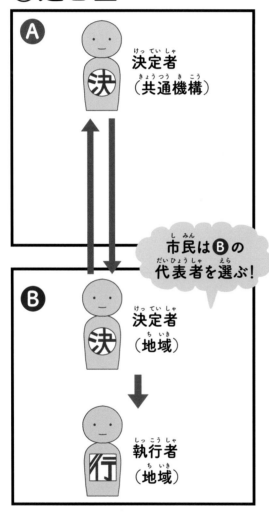

Ⓐ 決定者（共通機構）

市民はⒷの代表者を選ぶ！

Ⓑ 決定者（地域）

執行者（地域）

共通機構（A）の地位と権限は、地域（B）との取り決めにもとづく。そのため、共通機構は地域に影響を受ける。また、共通機構にはその決定内容を実行する「執行者」がいないので、共通機構の決定を地域が受け入れいない場合には決定を実行できない。

②連邦型

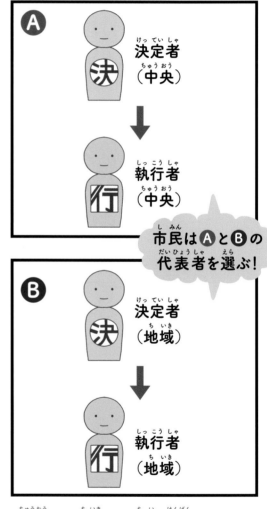

Ⓐ 決定者（中央）

執行者（中央）

市民はⒶとⒷの代表者を選ぶ！

Ⓑ 決定者（地域）

執行者（地域）

中央（A）と地域（B）の地位と権限は、それぞれ憲法によってさだめられており、お互いに対等で独立している。中央も地域もそれぞれが権限の範囲内で最終的な決定を行うことができ、同じくそれぞれに執行者をもっているので市民を直接統治する。

分権の分類については、政治学者の岩崎美紀子による研究が詳しいです。その研究によれば、分権はまず以下の4つのモデルに分けることができるといいます。

この4つのモデルは、行政機関がどのようなつながりをもっているかを、簡単に確認することを目的としたものです。

これだけでは分権の細かな実態をとらえることはできませんが、その大まかな構造をとらえるには向いています。P134でも取り上げる分権のサブモデルとともに用いることで、分権の実態をより深く理解できます。

Ⓐ 全体レベル
Ⓑ 地域レベル
⟶ 命令
☐ 自立した組織

出典：岩崎美紀子『分権と連邦制』ぎょうせい、1998 より抜粋・要約して作成。

③単一型

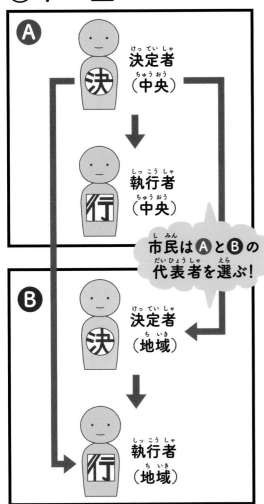

Ⓐ
決定者（中央）
執行者（中央）

市民はⒶとⒷの代表者を選ぶ！

Ⓑ
決定者（地域）
執行者（地域）

地域（Ｂ）の地位と権限は、中央（Ａ）のさだめた法律にもとづく。そのため、地域は中央に影響を受ける。中央は地域についての決定を行い、それを地域を通じて決定内容を執行させる権限をもつ。中央と地域は、それぞれが市民を統治する。

④出先型

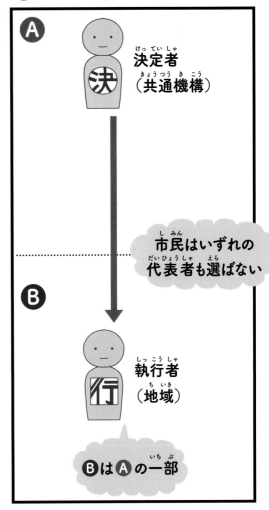

Ⓐ
決定者（共通機構）

市民はいずれの代表者も選ばない

Ⓑ
執行者（地域）

ⒷはⒶの一部

決定者（Ａ）と執行者（Ｂ）は、同じ組織でそれぞれ独立していない。決定権は決定者だけにあり、執行者はその決定にしたがって執行するのみだ。このように意思決定は決定者のみで行われ、市民は決定者と執行者の選出には関わらない。

【参考・出典】岩崎美紀子『比較政治学』（2005年 岩波書店）98-100 頁

分権の度合いを見るポイント

■ 分権の実態は構造だけでは見えません。
■ サブモデルで運用にも注目しましょう。

●「裁量」とは？

お米を炊くときに必要な判断

① 炊飯器の種類
② お米のブランド
③ お米の量
④ お水の量
⑤ お米をとぐ回数

①～⑤を自由に決められるほど裁量がある

「裁量」とは、物事を行う人の判断で、物事を進めることを意味する。たとえば、Aくんがお母さんにお米を炊くように頼まれたときを考えてみよう。このとき、左の表のように判断するポイントがある。このとき①～⑤までお母さんが決める場合、Aくんには「裁量」がない。逆に①～⑤をAくんが自由に判断できるほど「裁量」があるという。

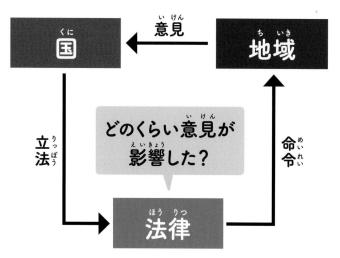

●「影響力」とは？

「影響力」とは文字通り「影響を与える力」のことだが、ここでは地域の意見がどのくらい国（全体）レベルの意思決定（立法）に影響を与えているかを意味する。これが大きいほど地域の意見が法律に取り入れられるので、実質的には地域も立法に参加することができる。つまり、影響力が大きいほど実質的な分権の度合いが強まるんだ。

P132では岩崎美紀子による分権の4モデルを紹介しましたが、以下では同じく岩崎による分権の4つのサブモデルも説明します。サブモデルは「裁量」と「影響力」というふたつの運用面に注目したもので、P132のモデルと組み合わせて用いることで分権の度合いをより細かく、つかむことができます。

たとえば、単一型を採用している国でもサブモデルについては3あるいは4に分けられる北欧諸国のような国がありますが、それらは単一国家であっても実質は分権的であるといえます。

●構造だけでなく運用も大事!

分権の度合いを細かく見るときにはP132の構造だけではなく、「裁量」と「影響力」といった実際の運用を細かくチェックして実態をつかむことが大切です。この運用についても以下の4つのパターンが考えられます。

1 裁量×／影響力×

> このとおりやって

裁量も影響力もない場合、分権の度合いは最も低い。この場合、地域は単なる国の代理人となる。

2 裁量×／影響力○

> こう決まったよ

> ・・・

裁量はなくても影響力がある場合、立法時点で地域の意見が取り入れられるのでやや分権が進む。

3 裁量○／影響力×

> あとは任せた

地域からの意見は取り入れられていないものの、法律がザックリとしたもので地域の裁量が多い場合、分権はより大きくなる。

4 裁量○／影響力○

> この方向でまかせて

> うん

立法に地域の意見が取り入れられているうえに裁量が多い場合は、最も地域への分権が進んだ状態だ。

【参考・出典】岩崎美紀子『比較政治学』（2005年 岩波書店）98-104頁

アメリカの州は国家に近い!?

アメリカの州は自治体よりも国家に近いといわれます。
ここでは、その広範な自治権について解説します。

●義務教育年齢も消費税もバラバラ!

アメリカでは国防や外交・通貨発行といった特定の権限を除き、州には広範な自治権が残されている。そのため、法律の多くは州ごとに異なり、州ごとに違法行為が異なるということが当然ながらあり得る。教育や税金に関しても州は独自の権限をもつため、身近な例では義務教育の年齢が州ごとに違ったり、消費税や所得税などの税率も違う。また、運転免許や専門資格も州ごとに与えられているので、同じ資格でも州によって取得難易度が異なることもあるんだ。

●州どころか郡・市単位でバラバラ

アメリカの州の行政単位は、さらに郡に細かく分けられる。郡政府にも州政府から一定の権限が与えられており、一部の税率が違っていたり、独自の条例がさだめられていたりする。また、郡はさらに「市」のような行政単位に分けられるが、それも同様に独自の権限をもった政府として機能する。事実、市の規模にもよるが、アメリカでは市が連邦・州・郡とは別に、独自の警察や裁判所をもつこともある。「ニューヨーク市警」は誰もが聞いたことがあるだろうが、あれは市が独自でもつ警察だ。

●世知辛い財源事情

アメリカの州の自主財源は、各州の自治を支える重要な要素だ。そのため、州は財源確保に頭を悩ませる。つまり、州は高額納税者や企業を呼び込むために、周囲の州と競争することになる。結果として、州はなるべく自分たちに有利な独自の法律を制定したり、税率を下げることもある。また、時には犯罪者を避けるために刑罰を厳罰化したり（不適切ながらも）州が移民や貧困層を避けるために、あえて福祉を低水準にしていると指摘されることすらある。

たとえば消費税はこんなに違う

| コロラド州 | カリフォルニア州 |

それぞれに政府があり、独自の警察や裁判所をもっていたりする

連邦　州　郡　市

カジノで財源を確保するネバダ

ラスベガスで有名なネバダ州は、土地の9割が砂漠で覆われており産業に乏しい。特に不況による経済の低迷によって一時は財源の確保が難しくなり、州は当時の常識に反してカジノ合法化を行ったことで知られる。カジノは今もネバダ州を代表する大きな産業であり、ネバダ州の税収を大きく支えているんだ。

【参考】久保文明・砂田一郎・松岡泰・森脇俊雅『アメリカ政治 第3版』（2017 有斐閣アルマ）

第4章
政治的な立場

act.1
保守とリベラル

▲パリ市立プティ・パレ美術館所蔵『レ・
アール』（Léon Augustin Lhermitte作）。
1880年代（ベル・エポック時代）当時の
活気ある市場と、そこで働く勤勉な人々を描
いた作品。

　これまで国の制度・ルールを見ることで、そこから人々がどう行動をとりやすいか、結果として、どんな政治になりやすいかを見てきました。

　一方で、ここから説明する政治的な立場というのは、どんな制度が望ましいかを考えるときにある種のコンパスのように用いるものです。たとえば貧しい地域の教育水準を上げる制度があることがわかっても、それを採用するかどうかは人々の考えによって決まります。ここからは、人々のさまざまな政治的立場を見ていきます。ぜひ、これをもとに自分でもどんな社会で暮らしたいかを考えてみてください。

伝統的な制度を重んじる「保守」

保守は「伝統を守るために変化する」立場です。
なぜ、保守は伝統にこだわるのでしょうか?

●保守はリノベーション派

直して使おう

社会には長い時間をかけて築かれた伝統的な制度・慣習などがある。保守は、それが社会の自由を支えていると考える。

こうした伝統的な制度や慣習を建物だとした場合、保守はこの建物をゼロから建て直すことには反対する。ただし、きちんと機能する部分は直しながら残して、それ以外は時代に合わせて変化させていくべきだと考える。つまり、リノベーション派みたいなものだ。

絶対的な民主政治は正統ではない!

●エドマンド・バーク (1729-1797)

●基本的には反動

保守主義の祖とされるイギリスの政治思想家エドマンド・バークは、もともとは市民や植民地の自由のために王権とも戦う"自由の闘士"だった。しかし、彼は同時代のフランス革命については断固反対したんだ。

変化の時代に対して「伝統のなかには、守り引き継いでいくべきものがある」と自覚するところから生まれた反動が、保守なんだ。

保守（主義）をはじめとする政治的な立場はさまざまな考えがあり、国・時代・論者によっても意味するところが異なります。たとえば、日本では「敗戦後の占領によって天皇を頂点とする国家体制の伝統以外は断絶していて、保守は確立していない」と指摘する声もあります（一方で、その伝統に連続性を見出す人もいます）。

そのため、一概に保守の立場すべてを語ることは難しく、ここではイギリスで生まれた伝統的な保守の立場を取り上げています。古典的な思想ですが、ここには今なお保守の思想のエッセンスが詰まっています。

権利

制度

権利は制度によって守られている

マグナカルタ

1215年、乱暴な政治を行った国王ジョンに対して、貴族が認めさせたルール。国王の権力を制限し、人々の権利を認めさせた。

戴冠憲章

1100年、国王ヘンリー1世が戴冠式（王様になったことを宣言する儀式）のときに発した文書。専制を改め、人々の権利を尊重することを宣言した。

復古　昔に戻そう

伝統主義　変化はよくない！

●権利よりも先に制度

保守の立場からすると、権利は制度があって初めて守られるものだ。市民社会には人々の要求に応えるための伝統的な制度がある。具体的には「どのような権利が認められるか」が憲法で取り決められている。裏を返せば、それによって権利も制約を受けるはずだ。なんの権利を保障（もしくは抑制）するかは時代により変化する。しかし、取り決めの段階でまったく想定されていない権利を、一方的な言い分で認めさせることはできないと考えるんだ。

●自由は相続財産

憲法に規定された自由は、たとえばイギリスではそれを認めた「マグナカルタ」、さらにはその元となる「戴冠憲章」といった歴史的な取り決めを再確認し補正したものだ。このことから、バークは自由は亡き過去の世代からわたしたちに相続され、さらに次の世代に引き継いでいくべき財産と考える。時代に合わせてこの財産に手を加えることはあっても、自分たちの世代だけの都合で勝手に破壊し作り直すことはあってはならないと考えるんだ。

●復古や伝統主義ではない

保守はよく復古主義や伝統主義と間違われるが、本来は異なる概念だ。復古主義とは「今よりも優れていると考える過去のある時点に社会を戻すことをめざす立場」で、伝統主義は「伝統的な価値ややり方などにこだわって変化を拒む態度」のことだ。保守主義は伝統的な制度を基本とはするものの、社会を時代に合わせて変化させること自体は肯定的な立場だ。保守と復古・伝統主義は、本来はきちんと区別されるものなんだよ。

【参考】[二木麻里訳] エドマンド・バーク『フランス革命についての省察』（2020年 光文社）/仲正昌樹『精神論ぬきの保守主義』（2014年 新潮選書）/宇野重規『保守主義とは何か』（2019年 中公新書）

保守は理性を疑う

保守は社会を設計する態度に批判的です。
ハイエクをもとにその考えを確認しましょう。

●多様な目的のために活動

ハイエクは、市場の参加者が自由に活動することを理想とした。つまり、人々が多様な目的のために自由に活動すべきだと考えたんだ。国が掲げる目標などではなく、個人が自ら目的を設定して、自ら選んだ道を進むことを重んじた。

このハイエクの立場は、自らが設計した目標をかかげて、社会を変革する人たちに対する反動だったんだ。

●ただしさは決められない

ハイエクは「集産主義」に反対したことで知られる。「集産主義」は社会全体の理想にもとづき、公共の福祉を掲げてそれを中央集権的なコントロールによって実現しようとする。つまり、それは人々の「幸せ」を誰かが決めて、それによって人々の価値観や行動が細かく決められてしまうということだ。ハイエクは、それは自由に反すると考えた。

現代の保守は政府の役割をなるべく少なくおさえた「小さな政府」を支持する傾向にあるといわれます。このことを訴えた保守派（本人は自由主義者を名乗っていますが……）の論者に経済学者のフリードリヒ・ハイエクがいます。彼は、人々が異なる目的を追い求めることができる社会を望みました。彼のこうした態度は「新自由主義」と批判されることが多いですが、一方でハイエクは「新自由主義」から連想されるようなすべてを経済的な効率のもとで判断する社会も「設計」を前提としているゆえに否定的であることを忘れてはいけません。

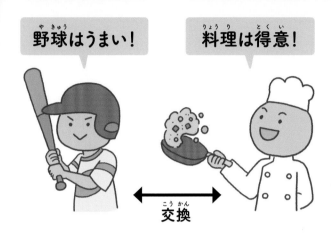

野球はうまい！

料理は得意！

交換

効果がわかったうえで
ルールを決める　設計

↓

誰かの都合のいい
ルールになってしまう　ズルい

交換が繰り返される

ルールが……

役に立つ　　　役に立たない

↓　　　　　　↓

残る　　　　　なくなる

●バラバラな目的

ハイエクは市場を通じて、人びとがそれぞれ独立したバラバラの目的を追求しているほうがいいと考えた。本来は目的も異なって接点をもたないような人々が、安定したルールのもとで互いの知識や経験を商品・サービスを交換することを社会の基本としてとらえたんだ。こうすれば、みんなは誰かに縛られることなく、お互いの利益をどんどん増やすことができる。誰からも強制されないという意味での自由を、ハイエクは重んじたんだ。

●ルールは勝手に決まる

交換には、それを安定させるルールが必要だ。でも、そのルールは誰かが考えたものではいけないとハイエクは考えた。ルールの設計はその効果を予想して行うので、特定の人にとって都合のいいルールになってしまう余地がある。そうすれば、ルールは誰かの利益に偏ったものになってしまうだろう。だから、ルールについては人々の間で自然と決まったものを、後から確認するだけに留めるべきだとハイエクは考えたんだ。

●役に立つルールが残る

ハイエクは、交換の歴史のなかで勝手に決まり、受け入れられたルール（伝統的なルール）を重んじた。ハイエクによると、そうしたルールは単に惰性によって前世代から引き継がれたわけではなく、理に適っていて役に立つからこそ残ってきたものだ。こうしたルールには習慣のようなものも含まれ、それを身につけることによってどんな人でも自分だけで決めた目的を追求しながら、交換による利益を受けることができる。

【参考】［村井章子訳］フリードリヒ・ハイエク『日経BPクラシックス 隷従への道』（2016年 日経BP）／仲正昌樹『精神論ぬきの保守主義』（2014年 新潮選書）／宇野重規『保守主義とは何か』（2016年 中公新書）

フェアな正義を重んじるリベラル

■ ロールズは著作『正義論』で有名です。
彼はなにを正義と考えたのでしょうか?

●フェアな正義のもとの自由

フェアなルールのもとで
自由に活動できる

／ピーーッ!!／

正義

現代リベラリズムにおけるキーワードは「正義」だが、これは一般的な意味とは異なる。この意味は、スポーツにたとえるとわかりやすい。たとえば、サッカーの審判は自分の考えではなく、ルールにしたがってプレイをフェアに判定するよね。このように価値観によらない一定の道理にもとづいて、すべての人をフェアに取り扱うことを指して「正義」といっているんだ。

●制度よりも権利が先

あるけど
守られていない

権利

制度を新しく作っていこう!

保守は「権利よりも制度が先」と考えるが、リベラルの場合はこれが逆転する。権利というのは誰かに認められるよりも前に存在している。つまり"ある"のに制度がないゆえに守られていない権利があることを、基本として考える。そのため、リベラルは制度を積極的に設計して、こうした未だに守られていない権利を守っていこうと考える傾向が強い。

リベラルは時代や論者によっても立場が異なり、さらにさまざまな派生を生み出してもいますが、そのすべてをここで説明することは現実的ではありません。

ここでは現代リベラリズムに大きな影響を与えたアメリカの哲学者ジョン・ロールズの思想を代表例として説明していきます。ロールズは社会にとって良いか悪いかというそれまでの判断基準に代わり、すべての人に対してフェアかそうでないかを基準として判断する「正義の2原理」を考え出した人物です。この考えは現代のリベラルにとって、基本的な判断基準にもなっています。

もしも……

自分の立場や身分、能力、状況、資産、性格価値観などが不明

⇒フェアな「正義」に合意するはず

●「無知のヴェール」

現代リベラリズムに大きな影響を与えたロールズは、正義の判断基準となる根本的な法則（原理）を生み出した。もしも「無知のヴェール」という自分と他の人に備わっているあらゆる違いがわからなくなる架空の装置があれば、人々は「自分が最も不利な立場かもしれない」という立場で考えるはずだ。ならば、人々はフェアな正義を受け入れるであろうと考えた。だから、この正義のもとで、世の中のさまざまな利益に優先順位がつけられると考えたんだ。

正義の原理[※1]

ただしロールズ自身はこの原理を一気に当てはめるのではなく社会の発展状況に合わせて少しずつ適用すべきと語っている。

第1原理

各人は、平等な基本的諸自由の最も広範な制度枠組みに対する対等な権利を保持すべきである。ただし最も広範な枠組みといっても他の人びとの諸自由の同様な制度枠組みと両立可能なものでなければならない。

（すべての人々は、ほかの人の自由と両立する範囲で、社会システムにおける対等な権利が最大限認められるべきだ）

第2原理

社会的・経済的不平等は次の二条件を充たすように編成されなければならない。
（社会的・経済的な不平等は、次の2条件を満たさなくてはいけない）

（a）そうした不平等が最も不遇な人々の期待便益を最大限に高めること、かつ
（不平等については、最も不幸な境遇にいる人たちが最大限の利益を受け取れるようにすること）

（b）公正な機会の均等という条件もとで全員に開かれている職務や地位に付随すること。
（あらゆる職業や地位に、あらゆる人たちが等しく就く可能性をもっているという前提のもとで）

【参考】[川本隆史・福間聡・神島裕子訳] ジョン・ロールズ『正義論 改訂版』(2010年 紀伊國屋書店)／仲正昌樹『いまこそロールズに学べ』(2020年 春秋社)／宇野重規『日本の保守とリベラル─志向の座標軸を立て直す』(2023年 中公選書)／【出典】(※1)[川本隆史・福間聡・神島裕子訳] ジョン・ロールズ『正義論 改訂版』(2010年 紀伊國屋書店) 84頁,114頁 より該当箇所を引用。訳者による注釈については省略し、著者により文中で修正された表現については修正を反映した。括弧内とフキダシは編者による。

リベラルの正義がもたらすもの

■ リベラルは平等な自由を重んじます。
■ 具体的にはどういうものでしょうか?

●スタート地点も平等に

こういう競争はフェアじゃない

リベラルも世の中の格差については否定しないが、誰もが格差の勝ち組・負け組の側に等しく回る可能性があるべきだと考える。たとえば、お金持ちの子がより良い教育を受けて、貧乏な子は教育機会に恵まれないといった状況は今でもよくある。これは徒競走にたとえるとお金持ちの子だけがスポーツカーに乗って、さらにはるか先のスタート位置から走り始めるようなものだ。

●格差は「最も不幸な人」が基準

幸福と利益（福利）をアップ!

格差について、ロールズは「お金持ちがたくさんお金を稼いで社会を豊かにしてもらい、貧乏な人たちにもお金を回して調整する」という定番のシステムを選択している。ただし、ロールズはこの格差が「最も不幸な人」の利益になっているかに基準を置く。つまり、いくら社会全体が豊かになっていても、最も不幸な人たちが得していないならばその格差はフェアではない。

このページでは、前のP144で取り上げた「正義の原理」が、具体的にどのように現代のリベラルの基本的なスタンスに結びついているかをまとめました。

たとえば、アメリカでは貧しい人たちの暮らす地区に質の高い幼児教育を用意する市民的な取り組みなどがありますが、これは下で説明しているリベラルの格差に対する認識から理解することができます。

また、平等な自由に反した信念をもつ人たちの対応については、現代の「政治的正しさ」をめぐる抗議運動のありかたをとらえ直す材料にもなるでしょう。

●平等な自由の例外

また、前のP145で取り上げた自由の「第1原理」では、いわゆる「表現の自由」のような憲法に規定された基本的人権の平等が唱えられている。しかし、これにも例外はある。たとえば「自分以外のあらゆる人にも平等に自由が保障されている」という大前提を受け入れていない人は、自分についての平等な自由を主張する権利はない。自らが受け入れていない正義の原理にもとづいて、自由を保障してもらうことはできないからだ。

●正しくない人にもフェアに

平等な正義の原理を受け入れていない人たちであっても、彼らの存在そのものを否定していいかは別問題だ。ただそういう信念をもっているだけで、彼らを排除するのは「良心の自由」に反するからだ。具体的に社会の安全や自由にとって明らかな危険があると「常識」によって確信できれば、彼らを認めない立場もあり得る。しかし、その場合でも相手の自由を認める「正義の制度」にもとづいて、まず説得のような方法を選ぶ必要がある。

●市民的不服従

「法律や政府の命令が自身の信念に反しているとき、逮捕を覚悟して従わないこと（市民的不服従）」を、ロールズは立憲主義の精神にもとづいた反省をうながす行為と評価する。ただし、なんでも許されるわけではない。通常の民主的な手段で十分に訴えたけれど受け入れられず、さらに法律・命令が明らかに正義に違反している場合にのみ認められると考えた。また、同じ程度の不服従をほかの人たちが実行したとしても、社会に混乱を招かない場合に限られるんだ。

【参考】［川本隆史・福間聡・神島裕子訳］ジョン・ロールズ『正義論 改訂版』（2010年 紀伊國屋書店）／仲正昌樹『いまこそロールズに学べ』（2020年 春秋社）

保守とリベラルの注意点

保守とリベラルは多面的です。
以下のポイントには気をつけましょう。

● ほかの立場とは区別する

なにが保守あるいはリベラルかは必ずしもハッキリしたものではない。ただし、少なくともバークのような穏健な保守を見れば、外国人を排除しようとする「排外主義者」と同じとはいえないだろう。同様にロールズを見ればわかるように、穏健なリベラルも、自分たちの正義を押しつけるようなやり方には慎重だ。異なる立場は区別してとらえる必要があるんだ。

● 「自由が大事」は共通している

ここまで説明した保守とリベラルは、どちらも「自由」を守ることを前提にしている。自由の意味するところや、そのアプローチについては違いがあるとしても、どちらの立場も人々の自由（権利）を大切に考えているんだ。
保守とリベラルのどちらもが、もう片方に足りない視点を補い合うことは多くの人の自由を守るために大切なことだ。

ここまで保守とリベラルについて簡単に説明してきました。保守やリベラルについては「保守は弱肉強食を好み、リベラルは人に優しい」あるいは「保守は現実主義的で、リベラルは夢想家」のような偏ったイメージで語られることも多いですが、それは単純化しすぎたイメージといえるのではないでしょうか。

また、ここでの保守とリベラルの説明も、簡単に済ませるために単純化されています。実際には下にも書いたとおり、保守とリベラルについては、この本では説明しきれない多面性があることには気を配る必要があります。

保守

リベラル

必要な変化は
否定しない

少しずつの変革は
やはり前提

●区別はハッキリしない

保守とリベラルはそんなに簡単にハッキリとした区別がつけられるものではない。変化を嫌うといわれがちな保守だって必要と認めた変化については否定しないのが多数派だろうし、リベラルの側も現在の社会を前提にそれを少しずつ変更・修正していくこと自体にはそこまで大きな異論はない人が多いだろう。保守とリベラルは激しく対立することも多いけど、両者の立場はそれほどハッキリ区別できるものではなくなっているんだ。

古典的自由主義

なるべく市場の自由な取引に任せて
政府はなにもしないことを理想とする

⇒現代では保守とされる

●時代によって意味は違う

保守やリベラルは、時代によってもその一般的に意味するところは異なってくる。たとえば、単にリベラルといったときには、最も広い意味では「古典的自由主義」も含まれることがある。これは基本的にはなるべく市場の自由な取引に任せて、政府の役割を小さくすることを理想とする立場だ。たしかに、これもリベラルといって間違いではないが、現代では「保守」に近いと分類されるのも一般的といえる。

アメリカ ← 保守／リベラル

ヨーロッパ ← 右／左

⇒日本はどちらかというと
ヨーロッパの状況に近い？

●国によっても意味が変わる

日本でも保守とリベラルという言葉がよく使われるが、もともとこの分け方はアメリカのものだ。しかし、特に保守についてはアメリカの保守は独自の展開をしており、日本や諸外国のそれと同じように語られるものではない。

また、ヨーロッパでは伝統的に社会主義の影響力が強く、党派的な違いは「右」「左」で表現されることが多い。ヨーロッパでリベラルといった場合には、新自由主義を連想することすらあるんだ。

【参考】宇野重規『日本の保守とリベラル―志向の座標軸を立て直す』（2023年 中公選書）

第4章 政治的な立場

act.2

そのほかの政治思想

▲【出典】フランチェスコ・ベルトリーニ『ローマ物語』(1890年版の挿絵より)。絵はポピュリズムの起源のひとつともいわれるティベリウス・グラックスの死を描いたもの（Lodovico Pogliaghi作）。

　政治的な立場は「保守」や「リベラル」で説明できるものだけではありません。ここからは現代の日本において特に話題にあがりやすい政治的立場をピックアップして、大まかに説明していきます。

　どれも一般に広く理解されている立場とはいいが

たいので、ここから先は読んでいて「全然共感できない」と思うかもしれません。それでもまったく問題ありません。あなたはなにを正しいと思うのか。逆になにがおかしいと思うのか。さまざまな意見に触れて、それを常に問い直してみましょう。

「リバタリアニズム」とは？

■リバタリアニズムは国家に否定的です。
彼らの主張を見ていきましょう。

●「最小国家」

国はあくまで
セキュリティ会社
みたいなもの

⇒個人の所有権を守ることが国家の役割

アメリカの哲学者ロバート・ノージックによると、国家は人々を保護する「保護協会」の延長だという。そのため国家の役割は人々を守る保護サービスだけだ。にもかかわらず、国家は個人の持ち物である"労働の成果"を税という形で徴収し、勝手にほかの人間に分配している。これは所有権の侵害だと考えた。それは結果として人々に強制労働をさせているのと同じだと訴えたんだ。

●社会保障は特殊な利益!?

お金を配るぞー！

政府

よこせ！／もっと！／まだまだ！

特殊な人たち

ズォーッ

ああ！

ボクの…！

フツーの人たち

アメリカの経済学者ミルトン・フリードマンは、アメリカの社会保障プログラムが、それによって利益を受ける集団の増加をもたらしたと指摘する。大学関係者やメディア、官僚などはすべての人に広く浅く行き渡る利益よりも、少数者の特殊な利益のために働く。こうした人達をフリードマンは「支配階級」と呼んで、一般的な人たちの利益を損なってきたと考えたんだ。

リバタリアニズムは、自由そのものを重んじる立場です。国家の役割はなるべく小さくおさえて、市場経済における自由な取引と、個人の自由な活動を実現すべきだというのが基本的な主張です。

リバタリアニズムに分類される立場は非常に幅広く、そのすべてをカバーする説明は存在しません。

一方で、一部の過激な主張を取り上げてリバタリアニズム全体を否定する意見もよく見られます。しかし、その根底にあるのは中央政府による過剰な介入やコントロールに対する異議申し立てであり、そこには自由を深く問い直すためのヒントが多く含まれています。

政府はなるべく
なにもしないで!

⇒無駄な公共サービスは民間に任せるべき!

伝統的制度

関心は低め

自由

大事なのは
ココ

●民営化を好む

リバタリアンは、民営化（国や地方の経営する企業や特殊法人を民間企業に組み入れること）を積極的に進める傾向にある。古典的自由主義においては国家の最小限の役割とされた「警察」「裁判所」「軍隊」の3つまでも、国による公共サービスではなく民間に任せるべきだという意見すらあるほどだ。

政府の役割を最小限におさえたいリバタリアンたちは、公共サービスはなるべく市場原理が働く民間のサービスに置きかえられるべきだと考える傾向にある。

●伝統的制度への関心は低め

リバタリアニズムの思想は、P142で取り上げたハイエクの思想と結び付けられることも多い。たしかに自由な取引を重視し、そのなかで自然と生まれてくる秩序を重んじるハイエクの思想は、リバタリアニズムとの共通点が多い。

しかし、現代のリバタリアンの関心は伝統的に定着した制度ではなく、自由のほうにある。市場原理だけではなく、個人の自由についても国家による介入やコントロールが行われるべきではないというのが基本的な立場だ。

●ティーパーティ運動

リバタリアンによる政治運動は、アメリカでは「ティーパーティ運動」がよく知られている。これはバラク・オバマ政権時代の2009年に議論された、医療保険制度（オバマケア）などへの反対運動として、アメリカ全土に広がったものだ。この運動はハッキリとした統一的な組織をもたないが、さまざまな保守系の小団体がこれに合流した。運動はアメリカの保守派がもつ伝統的な政府不信の感情とつながったことで、反リベラルの大きなうねりとなっているんだ。

ティーパーティ運動という名称は、植民地時代のアメリカが本国イギリスの不当な課税に反対した「ボストン茶会事件」にかけている。

【出典】［西山千明訳］ミルトン・フリードマン＆ローズ・フリードマン「選択の自由 自立社会への挑戦」（1980年 日本経済新聞社）／宇野重規『日本の保守とリベラル─志向の座標軸を立て直す』（2023年 中公選書）／［島津格訳］ロバート・ノージック『アナーキー・国家・ユートピア』（1994年 木鐸社）

労働者による独裁を選ぶ「共産主義」

■ 共産主義は労働者による独裁を訴える立場です。
その考えを簡単に見ていきましょう。

● 労働が価値を生むという仮説

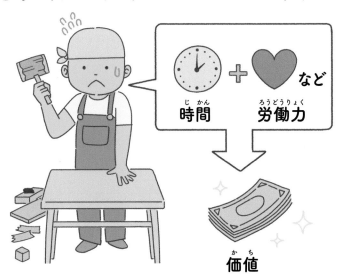

時間 ＋ 労働力 など

→ 価値

マルクスによれば、資本主義ではあらゆるものが商品化されている。そして、マルクスは商品の価値はそれによって求めるさまざまな効果が得られる「使用価値」と、人間の労働によって生み出される「価値」があると考えた。つまり、人間が限りある時間・体力・精神力を費やした労働は、目に見えない「価値」となって商品の「価値」になると考えたんだ。

この考えは一般に「労働価値説」といわれるが、現代の主流な経済学の見解とは異なる。

● 「剰余価値」と搾取

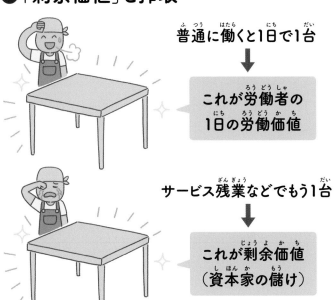

普通に働くと1日で1台
↓
これが労働者の
1日の労働価値

サービス残業などでもう1台
↓
これが剰余価値
（資本家の儲け）

マルクスによれば、資本家は「剰余価値」によって儲けているという。剰余価値は、労働者が必要以上に働いて生み出す価値だ。たとえば、労働者が日給分だけ働くと5000円の机が1台できるとする。このとき、労働者に日給はそのままで余分にもう1台を作らせたとしよう。この余分に生まれた価値（この場合は5000円）が、資本家の儲けになるんだ。

共産主義は19世紀に哲学者カール・マルクスによって唱えられた政治的な立場・思想です。共産主義は人々に大きな影響を与え、20世紀には共産主義国家のソビエト連邦（ソ連）も誕生しますが、21世紀が訪れる前の1991年に国家としては崩壊します。

こうした歴史的経緯もあり、現代では共産主義はあまり広く支持される立場・思想ではありません。しかし、少数ながら資本主義を批判的に問い直す共産主義を再評価する人たちもおり、彼らはその立場から現代社会の修正・改善を訴えています。

資本主義

もっともっと—！

労働者	資本家
賃金の価値は上がらない	剰余価値はどんどん増える

マルクスはこう考えた！

①プロレタリアート（労働者）による支配
公平な社会の実現には「プロレタリアート（労働者階級）」による独裁が不可欠と考えた。

②生産手段は社会のもの
生産手段を社会で共有することで、その成果をみんなで公平に分け合えると考えた。

③計画経済の導入
社会全体の利益になるように、中央の指導のもと経済を計画的に動かすべきだと考えた。

●資本主義はもうすぐ終わる!?

マルクスをはじめとする共産主義者は「資本主義はいずれ終わる」と考えている。大まかに説明すると、資本主義がいくら発達しても、労働者の実質賃金（物価に対する賃金の価値）は下がる一方だと考える。一方で資本家は生産力をどんどん増大させて剰余をおおきくしていく。つまり、資本家の取り分ばかりが大きくなり、労働者の生活はどんどん苦しくなる。この両者の緊張関係が、やがて資本主義を破綻させると予想するんだ。

●プロレタリア独裁

マルクスによると資本主義社会が限界を迎えた後、社会は社会主義に移行するという。マルクスのいう社会主義とは「プロレタリアート」と呼ばれる労働者の独裁体制の下で、生産手段（工場や畑、インフラ、天然資源など）を社会で共有したり、（生産手段の独占につながる）私有財産を廃止することを意味する。社会主義の取り組みを通じて「みんなが普通に働けば、自由で公平な暮らしを手にできる社会（共産主義社会）」の実現を目指そうとしたんだ。

●「キッチン論争」の衝撃

資本主義と共産主義のどちらが労働者を豊かにできるのか。その議論に大きなインパクトを残したのが「キッチン論争」だ。1959年にモスクワで開催されたアメリカ博覧会で、当時のアメリカでは一般的なモデルハウスを展示した。これに共産主義国のソビエト連邦（ソ連）国民は、大きなショックを受けた。そのモデルハウスの設備はソ連の一般的な生活水準を大きく上回っており、明らかにマルクスの予見に反していたからだ。

アメリカ博にて論争するニキータ・フルシチョフ第一書記とリチャード・ニクソン副大統領（いずれも当時）※1

【参考】佐々木隆治『マルクス 資本論 シリーズ 世界の思想』（2018年 角川選書）/【出典】（※1）米国議会図書館所蔵（Thomas J. O'Halloran撮影）

反エリートの「ポピュリズム」

ポピュリズムは近年影響力を高める立場です。
その基本的な考えを説明していきます。

●エリートVS「普通の人たち」

山分けだ〜！

あいつら…！

エリート・メディア
特権層

普通の人たち
（政治に無視された層）

ポピュリズムは「普通の人たち」の側から、エリートや特権層を批判する政治的立場あるいは運動だ。ポピュリズムの考える普通の人たちとは、特に既得権益（特定の社会集団が伝統的にもつ特権や利益）をもたない一般大衆で、政治に無視されてきた無党派層が中心となる。ポピュリズムは、そんな普通の人たちがこれまでの政治構造に対抗する立場・運動のことだ。

●声なき人々の不満を吸収する

みんなのパワー！

民意

なんてヤツらだ！

不満

不満

普通の人たちはもともとは組織化されていなかった層で、それゆえ政治的な意見を社会に届けることができない無力な存在だった。ポピュリズムは、彼らの不満を吸い上げて、それをまとまった民意として民主政治にぶつける。ポピュリズムの立場ではそれはより純粋な民主主義とされるが、敵対するエリート・特権層からは当然ながら危険視されることも多い。

ポピュリズムは「普通の人々による政治」を理想とする政治的な立場・運動です。近年はヨーロッパの先進国でポピュリズム政党が大きな存在感を示しており、EU離脱や反移民政策のように社会に対立を生む挑発的な政策を掲げることが問題視されています。また、2017年にはアメリカでもポピュリズム的な立場を取るドナルド・トランプ政権が生まれ、メキシコとの国境に壁を築くなどの過激な政策を推し進めて、物議を呼びました。

一方で、ポピュリズムについては、その民主的な役割を評価する意見もあります。

たとえば……

移民を
受け入れよう！

自国民の利益が
最優先だ！

エリート ←反対→ ポピュリズム

●社会によって立場は変わる

政治エリート・特権層といっても、その具体的な立場は社会によって違う。同様にポピュリズムの具体的な主張も、社会ごとのエリート・特権層の立場に合わせて大きく異なる。たとえば、自由が否定されている社会なら、ポピュリズムは自由の擁護者として現れるかもしれない。逆に、移民の受け入れに積極的な社会なら、ポピュリズムは移民排除の運動として現れるかもしれない。ポピュリズムは、社会で支配的な立場に対抗する形で出現するからだ。

普通の人たちの判断力は健全

↓

エリートが支配的な
議会や裁判所への信用は薄い

NO!

●普通の人たちの判断力を信じる

ポピュリズムの根底には、普通の人たちには健全な判断力が備わっているという信念がある。つまり、既得権益によって腐敗したエリート層よりも、普通の人たちのほうが判断力において勝ると考える。そのため、彼らはエリートが支配的な議会や裁判所などを信用しない一方で、住民投票や住民発案のような直接的な民主主義を好む傾向にある。結果として、多数派の専制（多数決による人権侵害）をおさえる立憲主義的な仕組みを軽んじるケースもある。

対立を煽っている！

⇒社会の隠れた課題を表に出している？

混乱を引き起こす！

⇒より多くの人に望ましい社会につながる？

●ポピュリズムは危険？[※1]

ポピュリズムに対する一般的な評価は高くない。たとえば「対立を煽る」といった批判的評価はよく目にする。しかし、政治学者の山本圭は、一方でそれが社会の隠れた課題を表に出した結果と考える。これまでの政治構造の打破を目指すポピュリズムは「混乱を引き起こす」と危険視されることも多いが、一方でより多くの人にとって望ましい社会を実現するためには混乱も必要という考えもあるという。ポピュリズムにも意義はあるんだね。

【参考】水島治郎『ポピュリズムとは何か ─ 民主主義の敵か、改革の希望か』（2016年 中公新書）/（※1）山本圭「いま「左派のポピュリズム」に注目すべき理由」（2019年3月28日公開 The Asahi Shimbun GLOBE＋ https://globe.asahi.com/article/12241185）

参考文献一覧

第1章

岩崎美紀子『比較政治学』（2005年 岩波書店）

[小松春雄訳] ウォルター・バジョット『イギリス憲政論』（2011年 中公クラシックス）

川出良枝・谷口将紀『政治学』（2012年 東京大学出版会）

君塚直隆『立憲君主制の現在』（2018年 新潮社）

久保文明・砂田一郎・松岡泰・森脇俊雅『アメリカ政治第3版』（2017年 有斐閣アルマ）

新日本聖書刊行会『旧約聖書 新改訳』（2014年 いのちのことば社）

鈴木昭典『日本国憲法を生んだ密室の九日間』（1995年 創元社）

立花隆『天皇と東大(1) 大日本帝国の誕生』第4章（2012年 文春文庫）

[野田良之訳] モンテスキュー『法の精神（上）（中）（下）』（1989年 岩波文庫）

水島治郎・君塚直隆『現代世界の陛下たち』（2018年 ミネルヴァ書房）

第2章

[岩永健吉郎・松本礼二訳] アレクシス・ド・トクヴィル『アメリカにおけるデモクラシー』（1972年 研究社叢書）

岩崎美紀子『比較政治学』（2005年 岩波書店）

宇野重規『民主主義とは何か』（2020年 講談社）

川出良枝・谷口将紀『政治学』（2012年 東京大学出版会）

[村松岐夫訳] セオドア・ロウィ『自由主義の終焉―現代政府の問題性』（1981年 木鐸社）

高安健将『議院内閣制―変貌する英国モデル』（2018年 中公新書）

建林正彦・曽我謙吾・待鳥聡史『比較政治制度論』（2008年 有斐閣アルマ）

野口雅弘『官僚制批判の論理と心理』（2011年 中公新書）

[山田正行訳] ハンナ・アレント『暴力について 共和国の危機』（2000年 みすず書房）

待鳥聡史『代議制民主主義』（2015年 中公新書）

待鳥聡史『民主主義にとって政党とは何か』（2018年 ミネルヴァ書房）

[阿閉吉男・脇圭平訳] マックス・ウェーバー『官僚制』（1987年 恒星社厚生閣）

山本圭『現代民主主義』（2021年 中公新書）

Stephan Haggard, Matthew D. McCubbins『Presidents, Parliaments, and Policy』（2001年 Cambridge University Press）

[掛川トミコ訳] ウォルター・リップマン『世論 上・下』（1987年 岩波文庫）

[マルクスレーニン主義研究所訳] ウラジミール・レーニン『レーニン全集 第10巻』（1955年 大月書店）

[上谷直克・今井宏平・中井遼訳] エリカ・フランツ『権威主義 独裁政治の歴史と変貌』（2021年 白水社）

[稲葉素之訳] カール・シュミット『現代議会主義の精神史的地位 新装版』（2013年 みすず書房）

[田中 浩・原田武雄訳] カール・シュミット『政治的なものの概念』（1970年 未来社）
[田中 浩・原田武雄訳] カール・シュミット『独裁』（1991年 未来社）
加藤秀治郎・岩渕美克編『政治社会学』（2013年 一藝社）
仲正昌樹『悪と全体主義－ハンナ・アーレントから考える』（2018年 NHK出版新書）
仲正昌樹『今こそアーレントを読み直す』（2009年 講談社現代新書）
仲正昌樹『カール・シュミット入門講義』（2013年 作品社）
[大久保和郎・大島かおり訳] ハンナ・アーレント『全体主義の起源3 全体主義』（2017年 みすず書房）
[中山伊知郎・東畑精一訳] ヨーゼフ・シュンペーター『新装版 資本主義・社会主義・民主主義』（1995年 東洋経済新報社）
[中村孝文訳] ロバート・ダール『デモクラシーとは何か』（2001年 岩波書店）
[森 博・樋口晟子訳] ロベルト・ミヘルス『現代民主主義における政党の社会学』（1990年 木鐸社）

第3章

岩崎美紀子『比較政治学』（2005年 岩波書店）
岩崎美紀子『分権と連邦制』（1998年 ぎょうせい）

第4章

宇野重規『日本の保守とリベラル－志向の座標軸を立て直す』（2023年 中公選書）
宇野重規『保守主義とは何か』（2016年 中公新書）
佐々木隆治『マルクス 資本論 シリーズ 世界の思想』（2018年 角川選書）
[川本隆史・福間聡・神島裕子訳] ジョン・ロールズ『正義論 改訂版』（2010年 紀伊國屋書店）
仲正昌樹『いまこそロールズに学べ』（2020年 春秋社）
仲正昌樹『精神論ぬきの保守主義』（2014年 新潮選書）
[西山千明訳] ミルトン・フリードマン&ローズ・フリードマン「選択の自由 自立社会への挑戦」（1980年 日本経済新聞社）
[村井章子訳] フリードリヒ・ハイエク『日経BPクラシックス 隷従への道』（2016年 日経BP）
水島治郎『ポピュリズムとは何か － 民主主義の敵か、改革の希望か』（2016年 中公新書）
山本圭『いま「左派のポピュリズム」に注目すべき理由』(2019年3月28日公開 The Asahi Shimbun GLOBE+ https://globe.asahi.com/article/12241185)
[島津格訳] ロバート・ノージック『アナーキー・国家・ユートピア』（1994年 木鐸社）

コラム

梅川正美・阪野智一・力久昌幸『現代イギリス政治 第2版』（2014年 成文堂）
君塚直隆『貴族とは何か－ノブレス・オブリージュの光と影－』（2023年 新潮選書）
高安健将『議院内閣制－変貌する英国モデル』（2018年 中公新書）

おわりにに代えた編集後記

本書は、表紙の見た目や、全ページにわたってルビ入れを施しているため、小学生向けであることは、手に取っていただいた読者の方には伝わっていると思います。ですが、内容面に目を向けてみると、小学生向けというよりは、中高生向け、むしろ大人向けといっても差し支えないほどに、濃い情報が詰まっています。

わかりやすいイラストや、わかりやすい比喩表現を使ってはいますが、ひとたびページをめくり始めると、〝読解力〟や〝理解力〟が必須なことがわかるはずです。そう、本書の情報をしっかりと自分の知識にしようとするには、能動的に理解しようとする姿勢が必要なつくりとなっているのです。

小学生の方にとっては難解なこともあるでしょう。

大人の方でも、「これってどういうことだっけ?」と、自分の口で説明するのが難しいことも多々あるはずです。

ひとりで理解するには難しいこともあるかもしれませんので、ぜひ、そういうときは、周囲の誰かと共有・共感し、内容について教え合ったり、話し合ったりしてみてください。脳に知識を定着させるためには、ただ読むだけではなく、考えてみたり、口に出したりすることがとても大切です。

〝親子で学ぶ〟の冠の〝親子〟は、〝友だち〟でも〝孫〟でも〝恋人〟でも、どんな言葉にでも置きかえることが可能です。本書を通じて、〝誰かと学ぶ〟ステキな時間を楽しんでみてください。(伊勢)

企画・制作　株式会社伊勢出版
執　　筆　山口大樹
イラスト　サトウコウタ
デザイン　西川雅樹
編　　集　伊勢新九朗

スペシャルサンクス　岩崎美紀子
　　　　　　　　　（筑波大学大学院人文社会科学研究科教授）

『親子で学ぶ政治のかたち』
書籍ページ

まなびのずかん
親子で学ぶ政治のかたち

発行日　2023年11月24日　初版　第1刷発行
　　　　2023年12月14日　初版　第2刷発行

著　者　子どものための「政治のかたち」プロジェクト
発行者　片岡　巌
発行所　株式会社技術評論社
　　　　東京都新宿区市谷左内町21-13
電　話　03-3513-6150　販売促進部
　　　　03-3267-2270　書籍編集部
印刷・製本　大日本印刷株式会社

ISBN 978-4-297-13795-3 C3031
Printed in Japan